Zu diesem Buch

«Jan und Liese gehen zur Tagesmutter» – seit rund 25 Jahren Alltag für Zehntausende von Kindern. Dennoch ist das Verhältnis zwischen Eltern und Tagesmüttern häufig nicht konfliktfrei. «Unsere Tagesmutter kümmert sich nicht genug», so finden manche Eltern. «Die Mütter können ihre Kleinen eben nicht loslassen», kontern etliche Tagesmütter. Betreuungsverhältnisse werden nicht selten schon nach kurzer Zeit wieder beendet. Die Leidtragenden sind die Kinder, die zur nächsten Tagesmutter wandern.

Dieses Buch will eine Orientierungshilfe für Eltern und Tagesmütter sein. Unsicherheiten gibt es genug: Wie finde ich die richtige Tagesmutter? Was muß ich als Tagesmutter bedenken? Wie gewöhne ich das Kind am besten ein? Wie verhalte ich mich bei Konflikten? Wer kann mir helfen? Welche Rechte habe ich? Wie steht es mit der Bezahlung? Die Autorin und der Autor stellen grundsätzliche Überlegungen an und berichten aus eigener und fremder Erfahrung, wie alle Beteiligten am besten miteinander auskommen können.

Susanne Frinke-Dammann
Reiner Scholz

Tagesmütter

Eine Orientierungshilfe

rororo
Rowohlt

Mit Kindern leben
Lektorat Bernd Gottwald

Für Nelly und Rüdiger,
Paula und Sybille

Originalausgabe
Veröffentlicht im Rowohlt Taschenbuch Verlag GmbH,
Reinbek bei Hamburg, Februar 1998

Redaktion Susanne Klockmann
Expedition Dr. Rüdiger Dammann
Umschlaggestaltung Peter Wippermann/Jürgen Kaffer,
Büro Hamburg
(Foto: Focus/David Burnett)
Satz Sabon (Linotronic 500)
Gesamtherstellung Clausen & Bosse, Leck
Printed in Germany
1490-ISBN 3 499 60322 5

Inhalt

Zwei Welten treffen aufeinander

Adressen und Literatur

Ein Buch über Mütter und Tagesmütter

In dieser Minute lachen oder schreien, krabbeln oder rennen mehr als 2,6 Millionen kleine Menschen in unserem Land herum, Jungen und Mädchen. Wenn sie nicht gerade schlafen. So groß ist nämlich die Zahl der bei uns registrierten Erdenbürger im Alter zwischen 0 und 3 Jahren, wobei es keinen Unterschied macht, ob hinter ihren Namen die Nationalität «Deutschland» oder «Türkei», «USA» oder «Neu-Guinea» eingetragen steht. Diese Kleinen sind in den meisten Fällen, häufiger als früher allemal, wirkliche Wunschkinder. Einmal auf der Welt, fordern sie gleichwohl von der Umgebung für ihr Dasein einen hohen Preis: viel Aufmerksamkeit. Das kostet Zeit. Die steht aber nicht immer ungeteilt zur Verfügung. Der Beruf, der Haushalt, der Rest der Familie, Freunde, aber auch das steigende Bedürfnis nach «Selbstverwirklichung» – was immer der oder die einzelne darunter verstehen mag – wollen gleichermaßen bedient werden. Und wenige Monate nach der Geburt, auf die sich alle so sehr gefreut haben, sehen sich die Eltern, zumeist die Mutter, bereits mit einer der wichtigsten Fragen der nächsten Jahre konfrontiert: Sind wir denn nur noch für unser Kind da?

Die zärtlichen Schmuseminuten lassen sich nicht über Jahre ausdehnen. Irgendwann muß mal wieder Geld verdient werden, möchten Frau oder Mann auch mal abschalten, werden die meisten Eltern, auch aus Gründen des Selbstschutzes, das «Ei-dei-dei-Niveau» auch mal wieder für eine gewisse Zeit verlassen wollen.

Zum Gück ist man als Mutter (oder Vater) nicht allein auf dieser Welt. Da ist der Partner, der gern hilft und immer kommt, wenn er gebraucht wird. Da sind Oma und Opa, die stets zur Stelle sind, wenn sie benötigt werden. Da sind andere Verwandte, einfühlsame Freunde, die sensiblen Nachbarn, ja die kinderliebe Gesellschaft insgesamt, und alle reißen sich darum, den jungen Nachkömmling oder die Neubürgerin einen Teil des Weges begleiten und die Last teilen zu dürfen. Oder liegen wir damit falsch?

Teils, teils. Nicht jede Quelle ist unerschöpflich. Der Partner ist beruflich doch länger eingebunden als erwünscht. Die beste Freundin, kinderlos, hat noch andere Pläne, als auf ein schreiendes kleines Etwas aufzupassen. Eine Oma kann nicht mehr richtig laufen, und die andere hat gerade ihr Coming-out als Altentheater-Star und fällt, da es auf der Bühne immer viel zu proben gibt, leider an 350 Tagen des Jahres als Babysitterin aus.

Es läuft also in vielen Familien schnell auf die Entscheidung hinaus: sich ganz auf das Kind einzulassen oder das Kind für einen bestimmten Zeitraum gegen Geld in fremde Obhut zu geben, für Stunden, für Tage oder gar für die gesamte Woche.

Grundsätzlich gibt es zwei Möglichkeiten, die allerdings nicht überall in wünschenswertem Ausmaß verfügbar sind: eine öffentliche und eine eher private. Kinderkrippe, Kinderhort und Kindertagesheim beispielsweise oder aber «Tagespflege», die wir im folgenden überwiegend mit «Tagesmüttern» gleichsetzen, obwohl es unter ihnen auch einige, allgemein als sehr «beliebt» beschriebene Väter gibt. Das Wort «Tagespflege» klingt uns ein wenig klinisch.

Dieses Buch handelt also von Eltern, die ihr Kind in gute Obhut geben wollen, und von Tagesmüttern, die gern Kinder um sich haben und für ihre erzieherische Tätigkeit auch noch ein wenig Geld bekommen, zuwenig, wie ihr Dachverband mit Recht betont. Dabei geht es um grundsätzliche Entscheidungen, die schwer zu fällen sind, schließlich möchte frau nicht als Rabenmutter dastehen. Es geht darum, wie man eine Tagesmutter findet und was man zu bedenken hat, damit alle Beteiligten zufrieden sind.

Im Mittelpunkt steht also das «Tagespflegeverhältnis», eine Begegnung zweier Mütter zumeist, vermittelt über das Kind. Ein gutes Verhältnis? Keineswegs immer. Hier tut sich nämlich ein ideales Kampffeld für Psychoschlachten auf, in einem selbst, aber auch untereinander. Frauenzeitschriften betonen gern, wie toll es bei Tagesmüttern ist.

Doch das ist vielleicht nur die halbe Wahrheit. Die «Bild»-Zeitung posaunte jüngst die andere Hälfte in die Welt: ein großer Teil von Deutschlands Tagesmüttern sei «geldgierig und verantwortungslos».

Tagespflege wird gebraucht! Schon 1990 hatte in Deutschland jedes dritte Kind unter drei Jahren eine erwerbstätige Mutter. Galten Tagesmütter lange als Hüterinnen für die ganz Kleinen, so hat sich das Bild inzwischen verschoben. Auch für die 3- bis 6jährigen sind sie mehr und mehr zuständig – nicht nur, weil es zuwenig Kindergartenplätze gibt. Und erst recht für die jungen Schulkinder, deren Schulzeit kürzer ist als die Arbeitszeit ihrer Mütter oder Väter. So gesehen, umfaßt Tagespflege wirklich ein weites Feld, dessen quantitative Dimensionen wir gar nicht beschreiben können. Niemand weiß, wie viele Tagesmütter es wirklich gibt. 1991, dem letzten Jahr amtlicher Tagespflegestatistik, zählte man 43 000 Tagespflegeverhältnisse, die über die Jugendämter vermittelt wurden. Diese machen aber nur den geringeren Teil aller Betreuungsverhältnisse aus.

Experten gehen davon aus, daß die Zahlen weiter steigen werden, zumal in Ostdeutschland das Netz von Tagesmüttern erst im Entstehen begriffen ist. Und so ist es auch nur folgerichtig, daß der Gesetzgeber die Tagespflege in der jüngsten Novellierung des Kinder- und Jugendhilfegesetzes (KJHG) der Kinderbetreuung in den hergebrachten Kindertages-Einrichtungen (Krippe, Kindergarten, Hort) im Prinzip gleichgestellt hat.

Dieses Buch erscheint zu einer Zeit, da der «Beruf Tagesmutter», den es offiziell gar nicht gibt, sich längst zu einer festen gesellschaftlichen Größe gemausert hat. Mittlerweile hat selbst die «große Politik» die Tagesmütter entdeckt. Das «Bundesministerium für Familie, Senioren, Frauen und Jugend» hält seit kurzem ein voluminöses, über 600 Seiten starkes Handbuch zur Tagespflege bereit, das von dem Bemühen zeugt, das Modell «Tagespflege», das an der Basis lebendig ist, wieder stärker in das öffentliche Bewußtsein zu rücken.

Im Sinne eines schlankeren Staates und unter dem Druck der leeren Kassen sieht man in vielen Ministerien und Kommunen mittlerweile die Tagespflege als flexibles, billiges Lückenbüßermodell gern. Mit ihr scheint sich darüber hinaus eine Aufwertung des konservativen «Mutter»-Gedankens betreiben zu lassen: Wenn schon nicht die leibliche

Mutter zur Verfügung steht, dann eben eine Art «Leihmutter» – Hauptsache Mutter. Wir halten beides in einer modernen Gesellschaft für zu kurz gegriffen.

Wir wünschen uns, daß unsere Kinder eine liebevolle und anregende Betreuung erfahren, in der auch die Bedürfnisse von Müttern und Vätern berücksichtigt werden, frei von ideologisierenden Moralismen, etwa darüber, wie eine gute Mutter zu sein habe. Die Betreuung ist, so sagt es das Gesetz, auch «Erziehung», sie hat also qualitativ hochstehend zu sein. Tagespflege und öffentliche Einrichtungen sind die Dienstleister. Wir – und vor allem unsere Kinder – sind die Kunden. Wir Eltern zahlen dafür – aber bitte nicht allein! Die Pflege der Kinder ist auch Aufgabe der Gesellschaft. Daß Kinderkrippen hochsubventioniert werden, Tagesmütter – über den Pflegesatz hinaus – aber kaum Geld vom Staat erhalten, ist eine der Ungerechtigkeiten. Eine andere ist, daß Tagesmütter, die wegen ihrer geringen Entlohnung kaum Rentenansprüche erwerben, mit ihrer Arbeit dazu beitragen, daß andere eines Tages beruhigt auf ihre Pensionsansprüche blicken können.

Was darf nun im einzelnen von unserem Buch erwartet werden? Als erstes wenden wir uns den Müttern zu, die ihr Kind zu einer Tagesmutter geben wollen. (Ganz generell: Natürlich sind auch alle Väter angesprochen! Tatsache ist aber, daß in erster Linie immer noch die Mütter für die Kinder «zuständig» sind.) Zwei Fallbeispiele sollen auf das Thema einstimmen. Weiter geht es damit, welche Gründe Frauen im allgemeinen haben (können), ihr Kind zeitweise aus dem Haus zu geben, und daß und warum sich in vielen Fällen ihr schlechtes Gewissen regt. Das «Rabenmutter-Image» versuchen wir durch einen historischen Rückblick (wie war das eigentlich früher mit der Fremdbetreuung, und was sagte die damalige «Wissenschaft» dazu) und durch einen Blick auf die aktuelle «Bindungsforschung» (wie wirkt sich die zeitweise Abwesenheit der leiblichen Mutter auf das Kind aus) zu entkräften. Anschließend werfen wir einen Blick auf die Alternative «Krippe», der so manchen überraschen mag. Die Überleitung zum Bereich der Tagesmütter stellt bei uns – wie im richtigen Leben – die Suche nach einer geeigneten Frau dar.

In die Welt der Tagesmütter werfen wir erst einmal einen praktischen Blick: Wie sieht ihr Alltag aus, warum machen sie diesen Job, welche Voraussetzungen müssen sie dafür mitbringen – außer Nerven aus Stahl, einem «goldenen Herzen» und einer strapazierfähigen Konstitution? Wir informieren über die «offizielle Seite»: Pflegeerlaubnis, die gesetzlichen Vorgaben im Kinder- und Jugendhilfegesetz (KJHG), Qualifikation und Verdienstmöglichkeiten. Abschließend schauen wir noch einmal in die jüngere Vergangenheit: Wie hat es eigentlich mit den Tagesmüttern in Deutschland angefangen?

Nachdem wir damit über die subjektiven und objektiven Rahmenbedingungen bei Müttern und Tagesmüttern informiert sind, wenden wir uns der Beziehung zwischen Müttern und Tagesmüttern zu. Wir zeigen mögliche Konfliktfelder auf und versuchen, viele dieser Probleme als «Symptome» und «Nebenkriegsschauplätze» zu enttarnen. Oft geht es nämlich gar nicht um irgendeinen «Kleinkram», sondern die Beziehung wird oft von gegenseitigen Übergriffen und uneingestandener Konkurrenz geprägt. Abbrüche von Betreuungsverhältnissen kommen (zu) häufig vor. Darunter leiden vor allem die Kinder, denn sie müssen von heute auf morgen mit dem Verlust einer Bezugsperson fertig werden.

Unsere These: Wenn Mütter und Tagesmütter wissen, was warum in ihnen und in der anderen vorgeht, können sie aufkeimenden Konflikten besser gewappnet entgegentreten. Das kommt sowohl den beiden Frauen als auch den Kindern zugute. Und so schließen wir mit einem ausführlichen Überblick über einige Grundvoraussetzungen, die unseres Erachtens bekannt sein und befolgt werden sollten, damit sich alle gut verstehen.

Kurz gesagt, wir wollen durch die verschiedenen Einblicke in die Gefühls- und Alltagswelten von Müttern und Tagesmüttern mehr gegenseitiges Verständnis wecken, Vorurteile begraben helfen und praktische Tips für das Gelingen einer Tagesbetreuung geben.

Ein Buch wie dieses ist nicht denkbar ohne einen großen Schatz von praktischen, alltäglichen Erfahrungen, aus dem wir schöpfen konnten. Wir haben mit vielen Personen gesprochen, Tagesmüttern, abgebenden Eltern und anderen Experten. Manche Namen haben wir verändert. Allen, die uns mit ihren Informationen geholfen haben, sei herzlich gedankt, vor allem auch (in alphabetischer Reihenfolge): Susanne Backner, Eva Maria Brüggemann, Karla Hunger, Sabine Isufi, Susanne Lappöhn, Barbara Lenk, Rosemarie Lorenz, Iris Mainka, Almut Martay, Ingeborg Moritz, Meike Mundkowski, Marianne Schumann, Ninette Shockley, Heike Uhlenbrook.

Die Mütter und Väter

Aus dem Leben gegriffen: Zwei Erfahrungen mit Tagesmüttern

Am Anfang zwei kleine Geschichten, selbsterlebt. Sie sind natürlich subjektiv. In ihnen werden weder Urteile über alle Tagesmütter gefällt, noch über alle Tageskinder oder alle abgebenden Mütter. Sie sind geschrieben aus der Sicht von Müttern, die spät ein Wunschkind bekamen und nun beseelt sind von dem Gedanken, nur ja alles richtig zu machen – wie sollte es anders sein –, die aber in der Mutterschaft nicht ihre einzige Erfüllung sehen.

Im Mittelpunkt der ersten, längeren Geschichte steht Nora. Oder vielleicht doch eher ihre Mutter Sonja? Gut ein Jahr nach Noras Geburt war es jedenfalls soweit: Babygeschrei, «Heideidei» und Breikochen reichten ihrer Mutter nicht mehr aus. Der Erziehungsurlaub war zwar auf drei Jahre angelegt, aber es lockte sie die Aussicht, mal wieder mit den früheren Kollegen zusammenzuarbeiten und die vertraute Büroluft zu schnuppern.

Also rief sie in ihrer Firma an und erfuhr, daß in drei Monaten die Chance bestand, eine Urlaubsvertretung zu übernehmen. Eigentlich ideal, um den Einstieg in den Ausstieg aus dem «Nur-Mutter-Job» zu finden. Auf Zeit ausprobieren, ob Nora, ihr Mann und sie selbst auch diese Form des Alltags bewältigen konnten. Die Eltern hatten ohnehin schon länger mit dem Gedanken gespielt, ihr Einzelkind Nora in eine Gruppe mit anderen Kindern zu geben, damit sie den Umgang und das soziale Miteinander mit Gleichaltrigen lernte – auch ohne die schützende Hand der Eltern.

Die Unterbringung bei den Großeltern schied also aus. Für einen Krippenplatz interessierten sich die Eltern gar nicht erst. Ohne je eine Krippe gesehen zu haben, löste allein das Wort bei ihnen schaurige

Assoziationen an viele einsame, schreiende Babys in vielen kleinen Bettchen und wenige überforderte Betreuungspersonen aus. Anders die Tagesmütter, bei denen man an warm-liebevolle Bezugspersonen und an eine überschaubare Gruppe von Kleinkindern denken konnte, die unentwegt fröhlich miteinander oder vor sich hin spielten. Und hier beginnen Sonjas Erlebnisse mit Tagesmüttern ...

Alles, was ich über Tagesmütter gehört hatte – und gute Freundinnen hatten mir bereits einiges erzählt –, klang ermutigend und so einfach. Man inseriert, daß man eine Tagesmutter sucht. Und schon laufen die Telefone heiß. Gleich am Hörer erfolgt die Erstauswahl, später trifft man sich mit einigen Bewerberinnen der engeren Wahl und entscheidet dann «aus dem Bauch» heraus.

Natürlich gab es auch Hinweise auf Untiefen. Die erste Zeit, so hieß es, gestalte sich etwas schwierig, insbesondere die Trennung an der Tür. Die Kinder würden schreien wie am Spieß, so daß die Mütter tränenblind zur Arbeit führen. Doch halb so schlimm: Sowie die Tür in das Schloß gefallen sei, würden die Kleinen auf Spiellust umschalten und dann einen netten Tag verbringen. Mit der Zeit gestalte sich dann auch das morgendliche Abgeben weniger dramatisch.

Also setzte ich – gut acht Wochen bevor meine Arbeit beginnen sollte – eine Anzeige in eines der regionalen Wochenblätter. Nora sollte ja langsam an die veränderte Situation herangeführt werden und Zeit zur Eingewöhnung haben. Ich stellte mir vor – und inserierte entsprechend –, daß meine Tochter in der Regel zwei Vormittage pro Woche betreut werden sollte, allerdings mit der Option, diese Zeiten bei Bedarf ausweiten zu können.

Die Anzeige erschien, und nichts passierte. Das Telefon blieb stumm. Waren alle Tagesmütter belegt oder zum Ende der Sommerferien noch verreist? War eine 2-Tage-Woche zuwenig, eine flexible Zeiteinteilung zuviel? Wie dem auch sei, nach diesem Fehlschlag wurde ich selbst aktiv, rief bei Tagesmüttern an, die ihrerseits inseriert hatten.

Die erste Frau, bei der ich mich mit Kind vorstellte, war jung und präsentierte ihr Haus mit Garten sowie ein anderes Tageskind, das sich in ihrer Gegenwart offenbar wohl fühlte und gleich mit Nora Kontakt aufnahm. Die anderen Kinder spielten derweil in der Sandkiste im Garten, in der Zeit des

Gespräches unbeaufsichtigt. Frau P., so soll die Tagesmutter hier genannt werden, hatte keine eigenen Kinder, wollte aber welche. Sie wirkte nett und sympathisch, nur ihre etwas langsame und betuliche Art, die Biederkeit des Zuhauses und nicht zuletzt die offene Gartenpforte mit direktem Zugang zur Straße ließen mich zweifeln, ob sie die Richtige für meine Tochter sei. Auch schien nicht ausgeschlossen, daß die Kinder zwischenzeitlich von ihrer 12jährigen Schwester oder von ihren Eltern, die nebenan wohnten, betreut wurden.

Nächste Adresse, wir nennen sie Frau V., die am Telefon einen frischen, lebendigen Eindruck gemacht und dadurch große Erwartungen geweckt hatte. Ihre Wohnung lag im ersten Stock. Der Treppenaufgang war gesäumt von unzähligen Stapeln von Zeitschriften, Kinderturnschuhen, Schals und Mützen, Müllbeuteln sowie Wintergarderobe. Oben angelangt, schlug mir das vollständige Chaos entgegen. Es roch zudem nach Katze, und überall lagen Katzenstreusteinchen herum, was mit dem Satz bedacht wurde: «Wir haben gerade Katzennachwuchs bekommen, aber wir werden nur zwei behalten. Das ist ja auch ganz süß für die Kleinen.» Die offenkundig mangelnde Hygiene begründete Frau V. damit, sie sei «gerade erst vor ein paar Tagen aus dem Urlaub gekommen». Von Beruf sei sie ausgebildete Kinderschwester und schon lange als Tagesmutter tätig. Da traten ihre beiden Sprößlinge ins Zimmer, die mir tapsig-aufdringlich und distanzlos vorkamen. Wieder nichts.

Meine Freundin Bärbel hatte ihren Sohn mit sechs Monaten zu Frau C. gebracht und war mit der Betreuung dort sehr zufrieden. Daß diese Tagesmutter im Nachbarort wohnte, konnte angesichts des zunehmenden Zeitdrucks keine Rolle mehr spielen. Frau C. war eine Mittdreißigerin, hatte eine helle, saubere und freundliche Wohnung, in der mehrere Kinder spielten. Ihre eigenen Töchter waren damals neun und zwei Jahre alt. Alles schien harmonisch, und wir klärten unsere Vorstellungen über Betreuungszeiten und Geld.

«Pädagogik» war kein Thema. Es war noch die Zeit, da Nora mit einem entschiedenen «Nein» von gefährlichem oder nervigem Tun abgebracht werden konnte. Auf Nachfrage versicherte Frau C., Tageskinder «nicht zu klapsen», wie sie es nannte. Eine Eingewöhnungsphase war nicht vorgesehen. «Ihr Kind muß lernen, daß nur ich hier für es sorge. Wenn die Mutter dabei ist, verwirrt das Nora nur, und sie weiß nicht, an wen sie sich wenden soll. Es muß ganz klar sein: ab der Wohnungstür bin ich zuständig, draußen Sie.» Ein klarer Standpunkt, der irgendwie einleuchtete, auch wenn es mir gefühlsmäßig anders lieber gewesen wäre.

Also gab ich Nora, die noch nie in solch gänzlich fremder Obhut gewesen war, gleich am nächsten Tag zum ersten Mal an der Haustür bei Frau C. ab. Es folgte das erwartete Geschrei und die Empfehlung von Frau C., «nun einfach schnell zu gehen, es wird bestimmt gleich besser». Zu Hause war ich unfähig, mich auf irgend etwas zu konzentrieren. Nach einer Stunde klingelte das Telefon. Frau C. meldete sich: «Sie sollten Nora wohl besser abholen. Es geht ihr nicht gut, und sie hat sich gerade übergeben.» Ausgerechnet Nora, die doch eine so gute Esserin war. Deutlicher hätte meine Tochter nicht zum Ausdruck bringen können, was sie von der Situation hielt.

Nichtsdestotrotz brachte ich Nora am nächsten Tag wieder hin. Es schien besser zu gehen. Bald darauf begann meine Berufstätigkeit, und Nora mußte jeden Tag fünf Stunden bei der Tagesmutter bleiben. Auf der Arbeit sah ich alle fünf Minuten besorgt zur Uhr. Statt eines Schwätzchens mit den Kollegen hielt ich lieber Zwiesprache mit mir selbst, wann und wie ich das Kind am schnellsten abholen könnte.

Unsere Tochter entwickelte sich unterdessen nicht wie erhofft. Aus unserer neugierigen, offenen Nora war ein klammerndes, weinerliches Baby geworden. Aus einem begeisterten «Papa-Papa»-Mädchen war nur noch «Mama» herauszubekommen. Ihr Vater durfte sie gar nicht mehr anfassen, ganz zu schweigen von dem allabendlichen, sonst heißgeliebten Baden. Sie bekam Probleme mit dem Ein- und Durchschlafen.

Unsere Verwirrung war mindestens ebenso groß wie die Angst, Nora bereits irreversibel geschadet zu haben. Frau C. reagierte gelassen. «Das ist doch alles normal, das gibt sich wieder.» Nora war unser erstes und einziges Kind. Wie sollten wir wirklich wissen, was «normal» ist? Aber auch Freundin Bärbel beschwichtigte: «Seht euch Moritz an, dem ging es anfangs auch schlecht, und der fühlt sich jetzt wohl da.»

Doch wie sollte mich das wirklich beruhigen? Sogar «sexuellen Mißbrauch» wollte ich nicht mehr ausschließen. Hatte nicht gerade eine Freundin berichtet, daß die Tochter der Tagesmutter in deren Abwesenheit eine Porno-Kassette vor der Kindergruppe abspielte? Und hatte man nicht gerade in der Zeitung davon gelesen, daß ein Tageskind von der Tochter der Tagesmutter umgebracht worden war?

Wir waren kurz davor, das Experiment «Tagesmutter» abzubrechen, entschieden uns dann aber letztlich doch für «Kontinuität». Zumal das Schlimmste vorüber zu sein schien. Die Tagesmutter berichtete von laufenden Fortschritten, und die häusliche Lage entspannte sich. Immer wieder aber gab es diffuse, schwer zu deutende Zeichen. Einerseits wollte Nora, wenn es ans Abholen ging, noch dableiben und weiterspielen. Andererseits weigerte sie sich morgens manchmal, überhaupt loszugehen: «Bitte, bitte nicht!» Einmal kam das Argument: «Frau C. haut mich.» Das war nun starker Tobak. Der sich allerdings in Rauch auflöste, als Nora ihrem Vater gegenüber behauptete: «Mama hat mich gehauen», was ich nun wirklich besser wußte. Offenbar setzte unsere Tochter mittlerweile Schimpfen und Klapsen gleich, so wie sie es im Umgang der Tagesmutter mit den anderen Kindern beobachtet hatte.

Dergleichen Aufs und Abs gab es weiterhin. So erschienen uns Frau C.s Erziehungsmethoden, die wir nach und nach mitbekamen, wenig zeitgemäß. Bei leergegessenem Teller wurde ein Stückchen Schokolade «zur Belohnung» verteilt. Nach Eis durfte nichts getrunken werden. Es gab ein «gutes» und ein «schlechtes» Händchen. Und im Sommer passierte es schon mal, daß ein Kind unbemerkt auf die Straße laufen konnte.

Derlei Dinge offen anzusprechen, fiel mir sehr schwer. Natürlich war mir bewußt, daß Erziehungsfragen am besten frühzeitig angesprochen werden sollten. Dennoch hielt ich mich daran fest, daß Kinder durchaus zwischen unterschiedlichen Stilen unterscheiden könnten. Da Nora nur zwei Tage die Woche da war, schien mir der mögliche Schaden «begrenzt». Darüber hinaus fürchtete ich, Frau C. könnte ihren Ärger über mögliche Kritik dann an Nora auslassen. Zaghafte Versuche, den Erziehungsstil zu problematisieren, stießen zudem wiederholt auf felsenfesten Widerstand.

So hielt ich meine Kritik weitgehend zurück. Trotz einiger weniger Plauderversuche blieb es bis zuletzt beim «Sie». Ich vermißte teilweise auch eine Einladung auf eine Tasse Kaffee und ging deshalb davon aus, daß Frau C. mich lieber von hinten als von vorn sah.

An dieser Stelle verlassen wir für einen Moment Nora und Sonja und wenden uns Jette und deren Mutter Birgit zu. Die kleine Jette ist fast auf den Tag genauso alt wie Nora. Auch sie sollte – nein: im Unterschied zu Nora «mußte» sie zur Tagesmutter, weil Birgit auch noch Geld zu verdienen hatte. Ein weiterer Grund war, daß sie als Kind immer viel allein war, «darunter habe ich ziemlich gelitten, das wollte ich meiner Tochter jetzt ersparen». Doch sollte das Kind nicht in irgendeine Anonymität, also etwa eine Krippe, gegeben werden, sondern das Familiäre, das Geborgene, die Ersatz-Familie wurde gesucht. Als erstes guckte sie in das «Wochenblatt», das kostenlos und regelmäßig ins Haus kommt.

Tatsächlich fand ich dort gleich ein Angebot, ganz in unserer Nähe, wie sich aus der Telefonnummer schließen ließ, und verabredete ein Treffen. Doch meine Vorfreude wich bald einem gewissen Entsetzen. Da war erst mal eine furchtbar häßliche Einrichtung, zwei Spielpferde der gräßlichsten Machart versperrten den Weg, in der Küche saßen zwei große, dicke, alte Katzen auf den Bänken, so daß ich selbst dort kaum Platz fand. Überall lag Baumaterial. Selbst der Vorgarten war düster. Für mich war ziemlich schnell klar: «Hier kommt mein Kind nicht hin.»

Bei der nächsten Adresse, Schwiegertochter einer Nachbarin, war alles anders. Man konnte sich gut unterhalten, der eigene Sohn der Tagesmutter war nur wenig älter als Jette, einen schönen Garten gab es auch, und alles war fast nebenan. Im Wohnzimmer war es zwar ziemlich eng, zumal die Kinder noch etliche Spielzeuge ausgebreitet hatten und sogar ein Papagei noch Platz finden mußte, doch manchmal vermittelt vielleicht eine solche Atmosphäre gerade für die Kinder etwas Geborgenheit, sagte ich mir. Und so war es dann auch.

Mit genau einem Jahr kam unsere Tochter also zur Tagesmutter, Frau L. Wir einigten uns darauf, keine lange Eingewöhnung zu machen. Also: Sprung ins kalte Wasser, Abgabe und weg. Am ersten Tag ging es mir mit dem Abgeben verdammt schlecht. Aber zum Glück hatte ich gleich einen Termin und konnte die Sache in der Zwischenzeit fast vergessen. Als ich um ein Uhr zurückkam, fand ich, es ginge der Kleinen doch recht gut.

Anfangs blieb Jette drei Tage die Woche, dann fünf. Morgens wollte sie manchmal nicht bleiben, aber mittags, die Abholzeit war mit 14 Uhr ziemlich genau fixiert, wollte sie nicht weg. Etwas nervig für mich war, daß sie morgens oft «klammerte», mehr als bei ihrem Vater. Doch verstand es Frau L. gut, Jette gleich auf den Arm zu nehmen und sie abzulenken. Das Abholen gestaltete sich manchmal schwieriger, weil die Kleine die vielen Ecken des vollgestellten Wohnzimmers gut nutzte, um sich dem mütterlichen oder väterlichen Zugriff zu entziehen und eine wilde Verfolgungsjagd anzuzetteln.

Alles in allem habe ich die Zeit weitgehend als problemlos erlebt. Natürlich gab es Krisen. Wir waren der Meinung, es täte dem Kind gut, auch bei schlechtem Wetter mehr in den Garten zu gehen, hatten aber das Gefühl, die Tagesmutter wollte sich das nicht gern sagen lassen. Unser Anliegen wurde in einer Art zurückgewiesen, als ob wir ihre Kompetenz bezweifelt und unsere überschritten hätten. Auch der Sohn der Tagesmutter war aus unserer Sicht nicht unproblematisch. Er war oft krank oder einfach weinerlich. Die Tagesmutter, die sich sehr um ihren Sohn kümmerte, war manches Mal übernächtigt, weil er – und sie dann auch – kaum geschlafen hatte. Man kann zwar nicht sagen, daß sie ihn vorgezogen hätte, aber sie konnte sich ihm in Anwesenheit von Jette nicht mehr so gut widmen, wie sie es vielleicht am liebsten getan hätte. Das drückte dann auf das allgemeine Klima.

Ein großes Problem für mich war, daß Jette immer pünktlich um zwei Uhr abzuholen war. Verschiebungen nach hinten waren möglich, bedurften aber einer besonderen Absprache und lösten dann ein eher leidendes «Ja gut» aus. Dabei hatte ich natürlich auch Verständnis für die Tagesmutter, die sich nachmittags auch noch um ihre eigene Tochter kümmern mußte und um zwei, drei Grundschüler, die sie sozusagen als Hortmutter nach der Schule versorgte. Alles in allem war es dann doch ein gewisser Druck, pünktlich zu sein, wenn mein Mann das Kind nicht abholen konnte, und ich empfand es später als sehr angenehm, daß ich im Kindergarten nicht mehr so genau auf die Minute gucken mußte.

Unsere Tagesmutter hatte im eigentlichen Sinn keinerlei pädagogische Ausbildung. Das fiel aber nicht negativ ins Gewicht. Es schien im Gegenteil so, als betrachte sie «das Erzieherische» als ihre eigentliche Lebensaufgabe. Es wurde viel gemalt und gebastelt. Nicht mit Schablonen, eher frei. Einmal im Jahr gab es ein Sommerfest, einmal wurde «Laterne gelaufen», einmal Fasching gefeiert – mit allen Eltern und Tageskindern. Die Tagesmutter schenkte den Kindern recht viel, beispielsweise zum Geburtstag, aber auch zu Ostern, Weihnachten und Nikolaus, so daß ich mich immer ein bißchen in der Pflicht fühlte, das irgendwie wieder wettzumachen.

Die Tagesmutter war also insgesamt sehr zugewandt, nahm Jette oft auf den Arm und streichelte sie. Dennoch hatte ich nie das Gefühl, sie würde mir meine Rolle streitig machen. Natürlich gab es Momente, in denen ich auf sie neidisch war. Immerhin lernte Jette bei der Tagesmutter, allein zu essen und zu laufen oder das erste Pipi auf der Toilette. Sie war diesbezüglich für Jette viel wichtiger als ich.

Es berührte mich auch, wenn ich, unbemerkt von den anderen, zufällig sah, wie die ganze Gruppe, Tagesmutter vorweg, Sohn an der Hand, die anderen nebenher und Jette als Kleinste im Bollerwagen durch den Stadtteil zum Markt zog. Natürlich war sie die Erfahrenere. Manchmal fand ich das gut, konnte sie etwas zum Kind fragen. Manchmal ließ sie ihre Kompetenz aber auch so stark durchblicken, daß ich mich manchmal fast zurechtgewiesen fühlte, obwohl ich schließlich Pädagogik studiert habe.

Als Jette und Nora gut drei Jahre alt waren, standen im Sommer die Entscheidungen an, wie es nun weitergehen sollte. Beide Elternpaare entschieden sich für den Kindergarten. Noras Eltern, vor allem ihre Mutter, mit großer Erleichterung. Zwar hatte die Tagesmutter ihr nahegelegt, Nora noch bis zum Schuleintritt zu ihr zu bringen, aber die Eltern waren froh, ihr Kind von nun an in «ausgebildete» Hände geben zu können, und zogen ohne Bedenken den Kindergartenplatz vor.

Jettes Eltern zögerten einen Moment. Bei der Tagesmutter lief es gut. Mittlerweile wollte deren Sohn Jette sogar heiraten, was durchaus auf ihre Gegenliebe stieß, wenn in dieser Sache auch das letzte Wort noch nicht gesprochen war. Das Verhältnis zur Tagesmutter war – bei aller sachlichen Distanz – durchaus persönlich und herzlich. Dennoch entschieden auch sie sich für den Kindergarten. Neben vielen anderen Aspekten gab schließlich die Angst den Ausschlag, von einer kleinen Familie und deren inneren Strukturen zu stark abhängig zu sein. Schließlich war das Tagesmutter-Sohn-Verhältnis durchaus nicht unkompliziert. Wenn da etwas schiefginge, etwa eine verstärkte Eifersucht ins Spiel käme, dann, so fürchtete Jettes Mutter, könnte das gute Verhältnis leicht ins Negative abrutschen.

So kamen Nora und Jette in den Kindergarten. Nora bis mittags, Jette den ganzen Tag. Nora fühlte sich dort gleich pudelwohl. Daß 20 Kinder um sie herumwuselten, schien ihr sehr entgegenzukommen, in die Kindergärtnerin verliebte sich sich sofort und heftig. Jette hatte mehr Schwierigkeiten. Sie klammerte sich noch lange an die Eltern und saß morgens, während alle anderen Kinder frühstückten, lange Zeit nur beobachtend-abwartend da. Sie ist ein Kind, das sich überall lange eingewöhnen muß.

In der Rückschau betrachtet ist Birgit zufrieden mit der Entscheidung für die Tagesmutter, Sonja ist sich bis heute unsicher, ob es das richtige war. Bei Jette lief es unkomplizierter, bei Nora etwas schwieriger. Beide Töchter sind heute fröhliche, normal entwickelte Kinder, die eine etwas kontaktfreudiger als die andere. Aus heutiger Sicht ist im Verhalten der Kinder die Handschrift der einen oder anderen Tagesmutter nicht im geringsten zu erkennen, obwohl sie sicher nicht weniger intensiv mit den Kindern zusammen waren als die Eltern. Die damaligen Ängste nehmen sich in der Rückschau teilweise kleinlich, ja lächerlich aus. Und Noras Mutter ist sich heute nicht mehr ganz sicher, ob sie nicht auch selbst zum schwierigen Mutter-Kind-Tagesmutter-Verhältnis beträchtlich beigetragen hat.

Es kann kein Zweifel daran bestehen, daß die private Tagespflege aus einem komplizierten Beziehungsgeflecht besteht, dessen Verknotungen manchmal nur durch schmerzhafte Trennungen aufgelöst werden können. Dieser Aspekt, dem sich unser Buch zu großen Teilen widmet, ist bislang nur selten thematisiert worden. Wenden wir uns also im nächsten Kapitel eingehend der besonderen Gefühlslage von Müttern zu, die «damit schwanger» gehen, ihr Kind zu einer Tagesmutter zu geben. Oder längst in einem solchen Dreiecksverhältnis stehen. Oder es bereits wieder aufgekündigt haben. Auf den ersten Blick handelt es sich um individuelle Sorgen und Nöte, doch es wird schnell deutlich, daß den meisten Frauen in vergleichbarer Situation derartige Ängste sehr vertraut sind. Woher diese kollektiven Gefühle kommen, soll im folgenden beleuchtet werden.

1000 Gründe, sein Kind abzugeben ...

Wir leben in Zeiten einer rasanten gesellschaftlichen Entwicklung. Konservative beschwören in diesem Zusammenhang gern die «Krise der Familie», die vom zunehmenden Selbstverwirklichungstrip der Menschen genährt werde. Männer und Frauen würden seltener heiraten, keine Kinder mehr haben wollen und, wenn doch Kinder da sind, diese nicht mehr aufziehen wollen.

Hier wird allerdings mit einem Begriff von Familie operiert, der nicht viel hergibt. «Wandel» ist schließlich nicht gleichbedeutend mit «Krise». Und der Wandel ist enorm. Die Zahl der Alleinerziehenden steigt deutlich. 1985 zählte man noch eine Million, 1989 schon, in den alten Bundesländern, 1,8 Millionen. Die Kinderzahl nimmt kontinuierlich ab. Fast die Hälfte aller Familien beschränkt sich heute auf ein Kind, wobei die früher anders verlaufenden Entwicklungen im Osten Deutschlands sich – wie in vielen anderen Bereichen – dem Gesamttrend anschließen. Einer der Gründe ist, daß Frauen heute vermehrt ihr Recht auf einen individuellen Lebensweg in Anspruch nehmen, der sowohl Berufstätigkeit als auch Familie und Kinder einschließt. Einen Beruf zu erlernen und auszuüben gehört für die Frauen heute in hohem Maße zu ihrem Selbstverständnis und macht einen Gutteil ihrer Identität aus.

Gleichzeitig kann es aber auch Ausdruck der allgemein festzustellenden «Tendenz zur Selbstverwirklichung» sein, ein Kind zu bekommen und sein «Lebensglück» vollkommener zu machen. Kinder sind öfter als früher eine bewußte Entscheidung. Da man sich nicht allzu viele leistet, wird das einzelne Kind besonders wichtig. Ist erst einmal ein Kind da, so finden selbst «moderne Partnerschaften», ob verheiratet oder nicht, sehr schnell zu traditionellen Rollenmustern zurück. Untersuchungen zeigen, daß der männliche Zeitaufwand bei der Hausarbeit zwischen 15 Prozent und 23 Prozent des weiblichen ausmacht. Mit Kindern wächst der Anteil weiblicher Hausarbeit noch stärker. Allerdings erwarten nur 80 Prozent der Frauen, so hat das Deutsche Jugendinstitut bei einer Befragung von 18- bis 33jährigen herausgefunden, daß der Mann sie finanziell versorgt, wenn ein Kind kommt. Zwar habe, so die Marburger Familienforscherin Ingrid Langer, der Mann «den Kreißsaal erobert», doch mit dem Älterwerden «ziehen sie sich eher von den Kindern zurück». Es sind dann die Mütter, die sich um alle weiteren Probleme kümmern. Besonders kraß sei dies im Westen. Ostdeutsche Männer haben zwar ebenfalls eine starke Orientierung auf den Beruf, seien aber offener dafür, daß auch ihre Frauen berufstätig sind. Alles in allem, so resümiert Ingrid Langer alle neueren Untersuchungen zum Thema, «stehen Männer nach wie vor am Rande der Familie, und die Mütterlichkeitsideologie herrscht ungebrochen».

Das heißt, Mütter sind in erster Linie dafür verantwortlich, was mit dem Kind geschieht – und sie machen sich auch dafür verantwortlich. Wollen sie gleichwohl ihre alten emanzipatorischen Ziele nicht aus den Augen verlieren und berufstätig bleiben, müssen sie nach akzeptablen Lösungen suchen.

Marion, Sozialpädagogin, alleinerziehende Mutter von zwei Kindern, schildert ihre Situation so:

Mir war es immer klar, daß ich arbeiten wollte und mußte. Aber ich habe auch immer gern gearbeitet. Ich habe da auch nie ein schlechtes Gewissen gehabt, das ist ein Teil, der gehört zu mir dazu. Mir war auch wichtig, daß ich die Zeit, die ich mit meinen Kindern verbringe, dann auch gern verbringe. Anders als diese frustrierten Nur-Hausfrauen. Mir war es immer sehr wichtig, daß ich eine zufriedene Mutter bin, und für mich gehört dazu ein Beruf.

Irene, Journalistin und Mutter von mittlerweile zwei Kindern, stand zehn Monate nach der Geburt ihres ersten Kindes vor der Entscheidung:

Ich hatte zehn Monate Erziehungsurlaub und mußte dann wieder anfangen, sonst wäre ich meinen Job losgeworden. Ich habe dann glücklicherweise nicht voll arbeiten müssen, sondern nur drei Tage in der Woche. Das bedeutete für meinen Sohn, daß er die Vormittage bei der Tagesmutter blieb, bis mein Mann – er ist Lehrer – aus der Schule kam. Ich wollte nach den zehn Monaten auch wieder anfangen zu arbeiten und hatte auch Lust dazu, andererseits hatte ich natürlich große Bedenken, ob das nicht zu früh ist, ob ich Mirko das zumuten kann.

Bei der Sonderschulpädagogin Bärbel stellte sich die Situation so dar:

Ich hatte meinen Erziehungsurlaub auf sechs Monate begrenzt. Ich mußte dann einfach wieder arbeiten, damit wir genug Geld hatten. Außerdem war ich mit Moritz sehr viel allein, weil mein Mann gerade seine Ausbildung in einer anderen Stadt beendete. Wir führten also nur eine Wochenendehe. Und ich fieberte dem richtig entgegen, endlich wieder zu arbeiten, denn nur allein zu Hause mit dem Kind, das war mir viel zuwenig, und ich freute mich auf den Kontakt zu meinen Kollegen und die Arbeit.

Auch die für manche einsetzende plötzliche soziale Isolation kann ein starkes Motiv sein, wieder in den Arbeitsprozeß einzusteigen. Neben dem Inhalt der Tätigkeit sind es sicherlich auch die Kontakte am Arbeitsplatz, die den Job ausmachen. Hier ein Schwätzchen, da die Verabredung zum Mittag, dort die gemeinsame Pausen-Zigarette, heute eine Sitzung mit Kollegen zur Zukunftsplanung, morgen die Gespräche mit neuen und alten Geschäftskunden. Fallen diese selbstverständlichen Kontakte und Gespräche plötzlich weg, stolpern manche frischgebackenen Mütter in ein tiefes «Loch». Kommt hinzu, daß Kontakte zu anderen «Müttern» (noch) nicht entstanden sind, steht frau plötzlich ziemlich allein da und fühlt sich auch so. Unsicherheiten und Ängste im Umgang mit dem eventuell nicht ganz so pflegeleichten Baby tun ihr übriges, um das Mutterglück zu trüben.

Im schlimmsten Fall entsteht eine tiefe Depression, ein Zustand, in dem die Mutter eben nicht das Glück pur verkörpert – wie es alle Welt von ihr erwartet –, sondern große Schwierigkeiten mit der neuen Rolle hat. Welche frische Mutter würde sich trauen, vor sich selbst oder gar vor anderen zuzugeben, daß mit dem Baby nicht automatisch eitel Sonnenschein in ihre Gefühlswelt eingezogen ist, sondern im Gegenteil Traurigkeit und Orientierungslosigkeit ihre Stimmung beherrschen. Sonja, 40 Jahre, die Mutter von Nora:

Da saß ich nun mit diesem kleinen schreienden Bündel im Haus. Alle Welt beglückwünschte mich zu diesem prächtigen gesunden Baby. Und in mir sah es einfach grauenvoll aus. Ich war ganz und gar nicht glücklich und wußte überhaupt nicht, warum ich nun nicht sofort das pure Mutterglück empfand. Alles war gutgegangen, und trotzdem fühlte ich mich einfach nur restlos überfordert und dachte auch, daß ich das Kind wohl nicht genug liebte. Ich hatte ein total schlechtes Gewissen meinem Baby gegenüber. Ich kannte auch so wenig andere Frauen in meiner Situation, mit denen ich offen darüber hätte reden können. Ich habe mich noch nicht einmal getraut, meinem Mann zu sagen, wie es wirklich in mir aussah. Mit der Zeit wurde es besser, insbesondere, als ich dann wieder anfing zu arbeiten. Eigentlich war ich ganz froh gewesen, auch dem Arbeitstrott und dem Frust dort durch das Kind zu entgehen. Aber zu Hause dann habe ich erst gemerkt, wie wichtig diese kleinen Gespräche und Unterhaltungen sind mit den Kollegen oder den Geschäftspartnern.

Daß der Kosmos sich endlos zusammenzieht und sich alles nur noch um «das Baby» dreht, daß sich sowohl die Organisation des Alltags (die äußere Welt) als auch die Gedanken (die innere Welt) auf die neue Situation mit dem Kind konzentrieren, blendet bei einigen die Beziehungen nach außen zum Teil erheblich aus. Dazu Bärbel:

Erst als ich dann zu Hause mit Moritz saß, habe ich gemerkt, daß ich eigentlich niemanden kannte, außer meinen Arbeitskollegen. Direkt da, wo ich wohnte, hatte ich keine Kontakte, aber die hätte ich gebraucht. Frauen in der gleichen Situation in der Nachbarschaft, aber wir waren erst ein Jahr zuvor nach Hamburg gezogen und hatten noch nicht allzu viele Leute kennengelernt.

Und auch die Beschäftigung und Versorgung eines Babys kann auf die Dauer ganz schön öde sein. Sonja:

Den ganzen Tag dreht sich alles nur um das Baby. Man hat irgendwann selbst nur noch heideidei und mamama im Kopf, denkt nur noch an Fläschchen und Windeln. Das war mir auf Dauer zuwenig. Immer nur geben, geben, geben, ich fragte mich irgendwann, wo ich dabei eigentlich bleibe. Die Rolle als Mutter befriedigt natürlich, aber das ist nicht das einzige, was mich ausmacht. Mir fehlte auch die Bestätigung im Job, daß ich noch etwas anderes kann, außer nur Mutter zu sein. Wozu hatte ich meine Berufsausbildung gemacht? Das bedeutete mir alles viel zuviel, als daß ich es jetzt einfach so an den Nagel hätte hängen können.

Aber auch, wenn eine Mutter gar nicht oder noch nicht plant, in den Beruf zurückzukehren, kann es gewichtige Gründe für eine Fremdbetreuung des Kindes geben. Mütter, die sich mit dem Kind überfordert fühlen, weil es vielleicht ein schwieriges Kind ist, viel schreit, viel Beschäftigung fordert; Mütter, denen das immerwährende und alleinige Zuständigsein einfach zuviel wird; kurz: Mütter, die eine Pause brauchen, um zu regenerieren, auszuruhen, zu sich selbst zu kommen, wieder Kraft zu tanken. Auch das sind durchaus triftige und legitime Gründe, sich für eine Fremdbetreuung zu entscheiden.

Und nicht zuletzt gibt es den Wunsch, dem Kind – zumal dem Einzelkind – ein Aufwachsen in «kindgerechter Umgebung» zu ermöglichen. Dazu Sonja:

Daß Nora ein Einzelkind bleiben würde, war uns relativ früh klar. Also stand bei mir auch die Überlegung im Vordergrund, daß sie so früh wie möglich mit anderen Kindern in Kontakt kommen sollte, um in ein vernünftiges Sozialverhalten hineinzuwachsen. Wichtig war eben, daß das Kind auch lernt, daß es nicht immer im Mittelpunkt steht, Aufmerksamkeit und Spielzeug mit anderen teilen muß. Was dem Kind natürlich auch einen gewissen Freiraum bietet, daß es eben nicht ständig beobachtet und begleitet wird, wie es ja schnell der Fall sein kann, wenn man als Mutter mit einem Kind mehr oder weniger nur zu Hause hockt.

Nicht selten beobachten Eltern, die sich bislang für «ganz emanzipiert» hielten, mit Schrecken, daß sich plötzlich alles nur noch um das Kind dreht. Irene:

Erstes Kind, zwei Elternteile, die viel Zeit haben, ist für ein Kind unter Umständen auch zuviel. Wir waren auf dem Weg, uns zu sehr um unser Kind zu kümmern, es zu sehr zu betüteln. Insofern hat Mirko von der Tagesmutter schon profitiert, daß wir lernen mußten, ihn auch mal loszulassen.

Die Fremdbetreuung durch Angehörige, Omas etc. soll an dieser Stelle einmal ausgeblendet werden. Nur soviel: einerseits wohnen Mütter und Großmütter heute nicht mehr selbstverständlich am gleichen Ort, andererseits sind Omas und Opas heutzutage entweder noch berufstätig oder gestalten ihr Rentnerdasein oft so aktiv, daß für eine regelmäßige Enkelbetreuung keine Zeit und auch keine Lust mehr bleibt. Zudem weichen die Erziehungsstile manchmal stark voneinander ab, so daß die Mütter für ihre Kinder eine andere Atmosphäre zum Aufwachsen suchen, als sie sie selbst in ihrer Kindheit erlebt haben. Und: Die Kinder hätten dann in den meisten Fällen keine Spielkameraden.

Es gibt also mindestens 1000 gute Gründe – auch im Sinne des Kindes! –, den Nachwuchs eine Zeitlang «fremdbetreuen» zu lassen.

... und 999, sich schlecht dabei zu fühlen

Ist der Entschluß zur Fremdbetreuung gefaßt, schleichen sich sofort graue bis tiefschwarze Wolken in die Gedanken. Denn so einfach stellt sich die Sache auf der emotionalen Seite nicht dar. Viele Fragen tauchen auf, Unsicherheiten machen sich breit:

- Wird es sich in der Tagespflege wohl fühlen?
- Wird es sich in der Gruppe mit anderen Kindern wohl fühlen, sich durchsetzen können?
- Wird es die Tagesmutter annehmen und umgekehrt?
- Wird das Kind nicht durch die Tagespflege der eigenen Mutter (und dem Vater) entfremdet, wird es die Tagesmutter eventuell mehr lieben als die eigene Mutter, weil sie ja sehr viel, zum Teil mehr Zeit als die Mutter mit ihm verbringt?
- Wird man nicht wichtige Entwicklungsschritte verpassen (der erste Schritt, das erste «Mama» oder «Auto»)?
- Wird die eigene Erziehung nicht durch einen fremden Stil verwässert?
- Wird das Kind mit dem Wechsel Tagesmutter – Mutter zurechtkommen, ist es dadurch nicht überfordert, verwirrt?
- Wird dem Kind genug Aufmerksamkeit geschenkt, wenn die Tagesmutter mehrere Kinder zu versorgen hat?
- Wird die Tagesmutter nicht die eigenen Kinder dem Pflegekind vorziehen?
- Ist das Kind nicht noch zu jung bzw. in einer entscheidenden Entwicklungsphase, die durch diesen Schritt gestört werden könnte?
- Wird das Kind mit Süßigkeiten vollgestopft oder durch Fernsehen ruhiggestellt?

Und dann stellt man sich selbst und die Entscheidung wieder in Frage:

- Ist man eine Rabenmutter?
- Läßt man sein Kind damit nicht im Stich?
- Wozu hat man denn das Kind bekommen – nur um es wieder wegzugeben?
- Wie werden die Umwelt, Freunde und Verwandte auf diesen Schritt reagieren?
- Wenn einem der Umgang mit dem Kind nicht «genug» ist – ist man dann überhaupt eine «richtige Mutter», hat man dann nicht auch ein Stück «versagt»?

Für viele Kinder ist die Tagespflegestelle der erste richtige Fremdkontakt. Vorher hat man das Baby vielleicht einmal bei der Oma oder der Tante oder einer guten Freundin gelassen. Diese Personen kennt man gut genug, um ihnen das über alles geliebte und beschützenswerte Wesen beruhigt anvertrauen zu können.

Mit der Tagesmutter reiht sich jedoch eine gänzlich Fremde in den Bezugspersonenkreis ein. Und doch ist es die leibliche Mutter, die das Baby am besten kennt, die weiß, was gemeint ist, wenn das Kind auf eine bestimmte Weise schreit oder grunzt oder lächelt. Der eingespielte Alltag, der zwangsläufig noch ohne viele Worte so wunderbar funktioniert, wie soll eine fremde Frau hier bestehen können, das Kind in allem erfassen und intuitiv wissen, was nun gerade angesagt ist?

Für viele Mütter sind solche Überlegungen sehr belastend, zum Beispiel für Sonja:

Da hechtet man Nacht für Nacht aus dem Bett, damit das Kind Grundvertrauen bekommt, liest bergeweise Bücher über richtige Kindererziehung, tauscht sich mit Freundinnen aus, wenn man nicht weiterweiß, hat mit dem Baby einen Menschen, der voll und ganz auf einen angewiesen ist und für den man voll und ganz verantwortlich ist, gibt sich die größte Mühe der Welt, alles richtig zu machen. Und dann soll man hingehen und das Kind von heute auf morgen irgendeiner wildfremden Frau in die Arme werfen und weggehen. Das habe ich kaum ausgehalten.

Zudem ergeben sich starke innere Interessenkonflikte, man ist hin und her gerissen:

- Das Kind soll sich bei der Tagesmutter wohl fühlen, aber natürlich nicht so wohl, daß es eventuell diesen Ort dem eigenen Zuhause vorzieht;
- das Kind soll die Tagesmutter mögen, aber bitte nicht mehr als die leibliche Mutter;
- das Kind soll gern zur Tagesmutter gehen, aber noch lieber wieder nach Hause;
- das Kind soll nicht jeden Morgen jammern, wenn man es dort abgibt, aber auch nicht freudestrahlend darauf dibbern, dorthin zu kommen.

Welche hohen Anforderungen, denen geschulte Diplomaten kaum gerecht werden können! Was erwarten wir von unseren Kindern! Und von uns!

Worüber man natürlich auch nachdenkt, sind die Motive, die einer Tätigkeit als Tagesmutter zugrunde liegen könnten. Warum nehmen Frauen bzw. Mütter zu ihren eigenen noch fremde Kinder hinzu, belasten sich und ihre Familie damit? Vielleicht allein des Geldes wegen? Das wäre bedenklich. Oder weil sie ihnen ihre Mütterlichkeit überstülpen wollen? Das wäre noch schlimmer. Weil sie für ihren mißratenen Balg einen Spielgefährten suchen? Nicht mit meiner Tochter! Weil sie selbst keine Kinder bekommen haben? Mein Sohn ist doch kein Ersatz! Oder weil sie zu einem richtigen Beruf nicht taugen? So jemand soll mein Kind erziehen?

Und dann sind da noch die Reaktionen der Umwelt, die einem schnell deutlich machen, daß eine Mutter, die freiwillig ihr Kind weggeben will, zumindest zurechtgewiesen, ja eigentlich entmündigt gehört. Irene:

Wenn ich da an meine Schwiegermutter denke, die fand das gar nicht gut, daß wir Mirko so früh weggegeben haben. Man fühlt sich eben ganz schnell als Rabenmutter, wenn man mal was für sich selbst tut und sich nicht permanent aufopfert, so wie es die traditionelle Frauenrolle fordert. Wenn du dein Kind zu einer Tagesmutter bringst, mußt du das und dich viel stärker rechtfertigen als in der Kindergartenzeit und betonst sehr, sehr schnell, es sind ja nur drei oder vier Vormittage in der Woche und überhaupt, nachmittags bin ich ja da usw. Ohne daß einen irgendeiner kritisch anschaut, das sagt man von selbst, diese Schere sitzt im Kopf.

Es gibt auch gute Freundinnen, die einen schwankend machen, indem sie mit Vehemenz vertreten, daß es eigentlich widersinnig sei, sein Kind wegzugeben. Wie Silvia:

Dafür habe ich doch meine Kinder nicht bekommen, um sie wieder wegzugeben. Die Erziehung meiner Kinder möchte ich bestimmen, und zwar voll und ganz. Da soll mir keiner irgendwie reinpfuschen. Zumindest in den ersten drei Jahren, bis sie in den Kindergarten gehen. In dieser Zeit werden die Grundlagen gelegt für das spätere Leben, für den Charakter meiner Kinder, und dafür möchte ich ausschließlich selbst zuständig und verantwortlich sein.

Unter besonderem Druck von innen und außen stehen alleinerziehende Mütter. Marion:

Ich als alleinerziehende Mutter war ja eine unvollständige Familie, und dann noch eine Mutter, die dazu steht, daß sie gerne arbeiten geht, trotz ihrer Kinder. Dieses Riesenvorurteil ist mir insbesondere von der Klassenlehrerin entgegengebracht worden, die so ein Bild von heiler Familie hatte, und nur in einer heilen Familie können auch gesunde Kinder heranwachsen. Gegen diesen Stiefel, der einem da angezogen wird, kann man sich kaum wehren, da hat man keine Chance. Da wird einem schon ein schlechtes Gewissen eingeredet, bis dahin, daß meinem Sohn die Diagnose gestellt wurde, er sei Legastheniker.

Nicht nur man selbst, sondern auch andere machen Müttern ein schlechtes Gewissen, wenn sie ihr Kind stundenweise abgeben. Wenn man sich seiner Entscheidung nicht ganz sicher ist, können die Probleme mit dem Abgeben des Kindes ausufern, bis dahin, daß man seine Berufstätigkeit wieder aufgibt. Britta:

Zum Schluß habe ich es nicht mehr ausgehalten. Hanna brüllte jeden Morgen so herzzerreißend beim Abschied, daß mir die Tränen kamen und ich kaum ins Büro fahren konnte. Die Arbeit fiel mir sehr schwer, weil ich dauernd an mein Kind dachte und was ich ihm da zumutete. Dann habe ich die Konsequenzen gezogen und meinen Job gekündigt, um wieder bei ihr sein zu können.

Das schlechte Gewissen. Es kann deshalb so leicht von Freunden und Verwandten entfacht werden, weil es bereits in uns schlummert. Wir sind aufgewachsen mit romantisierten Bildern von Familie, die mit der Wirklichkeit nichts zu tun haben. Da ist die Vision einer holden Großfamilie, in der einer dem anderen altruistisch geholfen hat, bis daß der Tod sie schied. Was es mit diesen Vorstellungen auf sich hat, inwieweit sie historisch der Wahrheit entsprechen und wie sie entstanden sind, soll das folgende Kapitel klären.

Woher kommt das schlechte Gewissen?

Woher kommt es eigentlich, daß sich Mütter heute – überhaupt und vor allem sie – so schlecht fühlen, wenn sie ihr Kind zeitweise von anderen betreuen lassen. Tauchen wir also ein in die Geschichte. Wie sah denn «früher», in der «guten alten Zeit», die Kindheit aus?

Diese Frage läßt sich schnell beantworten: Kindheit fand einfach nicht statt, jedenfalls nicht in dem Ausmaß wie heute. Was uns mittlerweile selbstverständlich erscheint, einen Menschen bis zum Einsetzen der Pubertät, die den Übergang zum Erwachsenenalter darstellt, als «Kind» zu bezeichnen und auch entsprechend zu behandeln, ist eine Erfindung des 19. Jahrhunderts.

Vorher endete die Kindheit, wenn die Kleinen so weit waren, selbst zu ihrem Lebensunterhalt beizutragen. Das bedeutete zum Beispiel, daß 4jährige noch im 19. Jahrhundert am Webstuhl arbeiteten, ein fünf, sechs, sieben Jahre alter Tizian, Raffael oder Dürer in die Malerlehre ging oder sieben- bis neunjährige Mädchen erwachsenen Frauen gleichgestellt wurden, so daß sie 1659 als Hexen verbrannt werden konnten. Noch vor gut 150 Jahren lag der Arbeitsbeginn zwischen dem 5. und 8. Lebensjahr. Nicht selten wurden «überzählige Esser» in diesem Alter aus dem Haus geschickt, um selbst für sich zu sorgen. Der 6jährige Viehhirt, der 12jährige Soldat oder der 15jährige Offizier waren keine Ausnahmen.

Wer arm war, der konnte oft kein Kind ernähren. Kindesaussetzung, ja Kindestötung waren in Westeuropa nichts Außergewöhnliches. Oft überlebten die Mütter die Schwangerschaft oder die Entbindung nicht. Daß Kinder von anderen Müttern aufgezogen wurden, kam schon aus diesem Grund häufig vor. Wer es sich leisten konnte, gab das Kind zu einer Amme, was keineswegs ein fragwürdiges Unterfangen war. Michelangelo, Scarlett O'Hara, Winston Churchill, sie alle wurden von Ammen großgezogen, und niemand fand etwas dabei.

Kinder galten als Erwachsene, nur in Miniaturform. Deshalb kann man – obwohl es aus heutiger Sicht so naheliegt – bei den damaligen Verhältnissen nicht von Kinderarbeit oder -ausbeutung sprechen. Da haben einfach junge Erwachsene ihren Lebensunterhalt verdient. Der Mythos von der Großfamilie, in der sich die Oma liebevoll um die Enkel kümmert, ist seit langem widerlegt.

Die Ausdehnung und Umgestaltung des Zeitraums «Kindheit» hängen eng mit den ökonomischen Umwälzungen des letzten Jahrhunderts zusammen. Mit dem Entstehen von Fabriken und der immer weiter um sich greifenden Arbeitsteilung und -spezifizierung fielen immer mehr «einfache» Arbeitsplätze für Kinder bzw. junge, körperlich schwache Erwachsene weg. Durch die Fortschritte in der Medizin stieg der Anteil der «Älteren» an der Gesamtbevölkerung, was zur Folge hatte, daß die «Jungen» später in den Arbeitsprozeß nachrückten. Eine ganze Altersgruppe wurde beschäftigungslos.

Zudem verlagerte sich der Arbeitsplatz der Frau immer mehr in die eigenen vier Wände, sie trug ökonomisch immer weniger zum Unterhalt der Familie bei. Was blieb anderes übrig, als die Kinder länger zu Hause, d. h. bei ihren Müttern zu belassen. Damit bildete sich ein Gegenpol zur Arbeitswelt der Männer. Diese Welt rückte nun auch ins öffentliche und wissenschaftliche Interesse. Die bis dahin selbstverständliche Prägung dieses Lebensabschnittes durch Arbeit war dahin und mußte durch etwas anderes ersetzt werden: durch «Erziehung» in der Familie, sprich durch die Mütter, da die Väter weitgehend aus dem familiären Alltag entschwunden waren.

«Was wir den kindlichen Charakter nennen, ist kein reines Naturprodukt, sondern das Ergebnis hochkultureller ‹Verwöhnung›. Seine realsoziologische Voraussetzung ist die moderne, wirtschaftlich, sozial und politisch relativ gesicherte Existenzform der sog. gutsituierten Familie, mitsamt moderner Fürsorge, Hygiene und ‹Pädagogik›. Hierdurch wird die – mit der Geburt gegebene – biologische Hilflosigkeit des Kindes zivilisatorisch verlängert, und es werden alle damit zusammenhängenden Affekte konserviert. Das Kind kann so lange und um soviel länger ‹kindlich› bleiben, als die Eltern es sich ‹leisten› können und somit bereit sind, auf seine Hilflosigkeit, Jungdummheit, Unbeschwertheit und Sorglosigkeit mit den Affekten der Rührung, Zärtlichkeit und Besorgtheit zu reagieren. ‹Prolongierte Kindheit› ist, ökonomisch ausgedrückt, übersteigerter Aufwand.» So drückt es Wilhelm E. Mühlmann in seiner Abhandlung über *Kindheit und Jugend in traditionalen und progressiven Gesellschaften* aus.

Es war der Künstler und Literat Jean-Jacques Rousseau (1712–1778), der die Kindheit «entdeckte» und verlangte, Kinder als Wesen eigener Art zu betrachten. Seine eigenen fünf Kinder brachte er übrigens ins Findelhaus – sie waren ihm zu laut und zu teuer. Die Kernthese des Pädagogik-Begründers: Der «von Natur aus gute Charakter» der Menschen könne sich nur entwickeln, wenn man Kinder ohne strenge Reglementierungen und moralisierende Vorschriften aufwachsen lasse. Nur wer frei von gesellschaftlicher Deformation sei, könne auf seine «(gute) innere Stimme» hören.

Die damalige Zeit war geprägt durch das Aufkommen des «Sturm und Drang»: «Gefühl wurde über die Vernunft gestellt, das Primitive über das Hochentwickelte, das Natürliche über das Künstliche und das Einfache über das Komplizierte. Kinder wurden im Geist der Romantik idealisiert und ihre Mütter mehr und mehr dafür verantwortlich, sie großzuziehen. Man begann, Mutterliebe als Voraussetzung für das Seelenheil der Kinder hinzustellen.» So Sandra Scarr in ihrem Buch *Wenn Mütter arbeiten*.

Der Umgang mit Kindern hatte sich radikal gewandelt: Im alten Rom entschied einst der Vater unmittelbar nach der Geburt über Leben und Tod des Kindes. Nahm er es vom Boden auf, durfte es leben, ließ er es liegen, kümmerte sich niemand mehr um das Baby. Kinder gehörten zum Eigentum des Mannes, ebenso wie seine Frau, sein Land und sein Vieh.

Nun wurde die Unterwerfung der Eltern (insbesondere der Mütter) unter das Kind propagiert, wie z. B. von Ellen Key im Jahre 1903: «Bevor nicht Vater und Mutter ihre Stirne vor der Hoheit des Kindes in den Staub beugen, bevor sie nicht einsehen, daß das Wort Kind nur ein anderer Ausdruck für den Begriff Majestät ist; bevor sie nicht fühlen, daß es die Zukunft ist, die in Gestalt des Kindes in ihren Armen schlummert, die Geschichte, die zu ihren Füßen spielt – werden sie auch nicht begreifen, daß sie ebensowenig die Macht oder das Recht haben, diesem neuen Wesen Gesetze vorzuschreiben, wie sie die Macht oder das Recht besitzen, sie den Bahnen der Sterne aufzuerlegen.»

Je mehr die Kinder ins Zentrum der Aufmerksamkeit rückten, um so stärker wurden der Ruf und die Notwendigkeit, Kinder «richtig» zu erziehen. Mütterliche Intuition mußte durch «Wissen» ersetzt werden. Philosophen und Denker begannen mit und nach Rousseau, über Kindheit und Erziehung öffentlich nachzudenken und zu diskutieren, verschiedene Kinder- und Pädagogik-Modelle wurden entworfen, angegriffen und verteidigt. Jeder, der eine These über Kinder aufstellte, meinte, damit die «Natur» zu beschreiben. Ein Blick auf verschiedene Ansätze macht jedoch deutlich, daß vom «von Natur aus guten Menschen» bis zum «zu zähmenden und zu unterwerfenden asozialen Monster» alles denkbar und begründbar war.

Sandra Scarr schildert in ihrem Buch drei unterschiedliche Auffassungen von Entwicklungspsychologie: Arnold Gesell, John Watson (beides Amerikaner) und – natürlich – Sigmund Freud (Österreich), alles anerkannte Experten, deren Ansichten bis heute nachklingen.

«Gesells Kind ist von Natur aus gut und entwickelt sich selbständig; es wird kaum beeinflußt von elterlicher Behandlung, solange es nicht mißhandelt oder schrecklich vernachlässigt wird. ... es kennt seine innere Richtung ... ist von der Natur so eingerichtet, daß es ohne viel Zutun der Eltern aufwächst.» Er meinte sogar, daß Kinder noch nicht einmal durch Fehler der Eltern Schaden nehmen können. Gesell gibt also den Eltern das Gefühl, daß sie kaum etwas falsch machen können, da die Kinder sich strikt nach ihren genetischen Vorgaben entwickeln.

Im gleichen Jahr wie Gesell (1928) postulierte Watson seine völlig konträren Ansichten: «Im Gegensatz zu Gesells robustem Selbstentwickler wird Watsons Kind gänzlich durch Erziehung geformt ... Watsons Neugeborenes ist ein ‹lebendiges, sich windendes Stückchen Fleisch, gerade fähig zu ein paar einfachen Reaktionen ... Eltern nehmen dieses Rohmaterial und beginnen, es so zu formen, wie es ihnen paßt›.» In diesem Modell lauert natürlich die Angst und die Gefahr, die Entwicklung des Kindes durch falsche Erziehung zu verderben, aber auch die Chance, aus diesem Tonklumpen den perfekten Menschen zu kreieren. Nach Watsons Auffassung war alles möglich. Dabei plädierte er jedoch keineswegs für eine hochgradig emotional geprägte Beziehung zwischen Eltern und Kind, sondern im Gegenteil eher dafür, «den Willen des Kindes dem Willen der Eltern zu unterwerfen ... er bestand darauf, daß die Aufzucht von Kindern ... objektiv und unpersönlich sein sollte. Nichts von dieser gefühlsduseligen Sentimentalität, die Eltern dazu verleitet, ihre langfristigen Ziele zu vergessen und in den vergänglichen Freuden der Gefühle zu schwelgen». Körperliche Nähe oder gar Zärtlichkeiten waren bei ihm verpönt.

Und dann kam Freud: «Freuds Kind ist weder ein zuverlässiger, gutausgestatteter Selbstentwickler, noch ist es ein Klümpchen Lehm, das danach verlangt, modelliert zu werden. Freuds Kind ist eine brodelnde Masse von Konflikten, die wie Zeitbomben explodieren können. ... ist von seiner Sexualität getrieben und unausweichlich im Konflikt, sowohl mit den Erwachsenen, die danach trachten, seine Exzesse zu zügeln und es zu sozialisieren, wie auch mit sich selbst.» Orale und anale Phase, der ödipale Konflikt der Jungen und die Entsprechung im Elektra-Komplex für die Mädchen haben jeweils die Triebfeder Sexualität. In diesem Kind «brodelten ... perverse Energien, die es zu kontrollieren galt. Der Kampf um die Zügelung der finsteren kindlichen Natur mußte immer in eine Zwickmühle geraten – durch zu geringe Kontrolle entstanden Neurosen, durch übermäßige Kontrolle Charakterschwächen. Nur die wenigsten Eltern konnten seelisch gesunde Kinder hervorbringen, weil die Kindererziehung zu einer fast unlösbaren Aufgabe gemacht worden war.»

«So viele Mütter ich als Psychologin auch behandelt habe», beginnt die amerikanische Autorin Shari Turner ihr Buch ‹Mythos Mutterschaft›, «ich kann mich an keine einzige erinnern, die nicht insgeheim glaubte, ihre Kinder auf irgendeine Weise geschädigt zu haben, sei es durch Worte und Taten oder auch nur durch Gefühle.» Die Folgen falschen Handelns seien in der Vorstellung der Frauen fürchterlich. Shari Turner: «Eine einzige falsche Bewegung und unser kleiner Wonneproppen verwandelt sich in einen Axtmörder.»

Mit diesem verzweifelten Ausblick soll unser Exkurs zu Ende gehen. Doch eines ist hoffentlich deutlich geworden: Jede Epoche schafft ihr eigenes Bild von Kindheit, Kind-Sein und Mutterpflichten – auch die unsere. Dieser kurze historische Abriß sollte unsere heutige Überhöhung der Kindheit ein wenig relativieren.

Nun soll nicht für einen Rückfall in frühere, für unser Gefühl barbarische Umgangsweisen mit Kindern plädiert werden. Wir wollten nur darstellen, daß unser heutiger Umgang mit Kindern eher historisch und gesellschaftlich entstanden ist, als daß wir der «Stimme der Natur» folgen.

All diese sehr kopflastigen Überlegungen schützen natürlich nicht davor, fürchterlich zu leiden, wenn man sich dem herrschenden Ideal entzieht und das Kind zur Tagesbetreuung abgibt. Irene:

Ich hatte mir das nicht so schlimm vorgestellt. Ich habe nicht gedacht, was ich für Probleme damit haben werde. Also dieses Gefühl, sein Kind gegen seinen Willen abzugeben, das hatte ich mir nicht so schlimm vorgestellt. Du hast das Gefühl, ein ganz wichtiges Körperteil reißt dir raus, ein richtig körperliches Gefühl, zu Tränen gerührt sitzt man dann im Auto und fährt völlig blind durch den Verkehr und hört sein Kind im Ohr immer noch schreien. Und dann denkt man wirklich, mein Gott, ist es das wert? Man setzt sein Kind aus und mutet ihm einen Sprung in ein Wasser unbekannter Tiefe zu.

Die Autorin Barbara Sichtermann bringt es in ihrem Buch *Vorsicht Kind* auf den Punkt: «Die enge Dyade Mutter-Kind ist ein *modernes* Unglück.» Heute herrsche eine grausame Zweideutigkeit, «mit der unsere Gesellschaft Müttern Berufstätigkeit abverlangt (durch ökonomischen Druck und durch den subjektiv inzwischen fest verankerten Wunsch) und zugleich – ‹der Kinder wegen› – sauer und madig macht. Aus dieser Zweideutigkeit wächst heute manche Wurzel emotionaler Kindesvernachlässigung. Sie wächst aus der Zweideutigkeit und *nicht* aus der Berufstätigkeit.»

«Die Supermama, für diejenigen unter Ihnen, die sich nicht erinnern können oder keine hatten, Supermama war die, die ihre Plätzchen immer nach eigenem Rezept gebacken hat, mit Mandelzähnchen und Rosinenäuglein. Sie hatte immer «was Leckeres» im Backofen. Ihre Kinder hatten immer selbstgemachte Faschingskostüme. Sie besaß eine exklusive Garderobe, die ausschließlich aus Schürzen bestand. Sie hat immerzu nur gegeben. Jahrelang haben wir sie in unseren Köpfen herumgetragen, einfach nur, um Schuldgefühle zu haben. Neuerdings haben wir sie durch die Superfrau, oder Supermama Nr. 2, ersetzt, deren typischer Tagesablauf etwa so aussieht: Sie steht morgens mit ihren 2,6 Kindern auf. Sie gehen hinunter, und sie versorgt sie mit einem ausgewogenen Frühstück, das alle wichtigen Vitamine und Mineralstoffe enthält und das die Kinder auch willig essen, bevor sie zur Schule gehen. Sie begibt sich dann nach oben, um ihr teures Jil-Sander-Kostüm anzuziehen. Kurz darauf fährt sie zur Arbeit, die sowohl kreativ ist als auch sozial wertvoll und viel Geld einbringt. Nachdem sie von der Arbeit nach Hause kommt, widmet sie sich eine Stunde lang ganz ihren Kindern; denn schließlich kommt es ja nicht auf die Quantität, sondern auf die Qualität des Zusammenseins an. Danach kocht sie ein leckeres Abendessen für ihren Mann. Sie verbringen noch einige Zeit damit, an ihrer inhaltsreichen Beziehung zu arbeiten, und gehen dann nach oben, wo sie bis Mitternacht multiple Orgasmen hat.»
(Ellen Goodman in Sandra Scarr)

Wie «gefährlich» ist Fremdbetreuung für das Kind?

Haben wir im letzten Kapitel einen Blick auf die historischen Ursachen des schlechten Gewissens geworfen, das primär die Mütter plagt, wenn sie ihr Kind in fremde Hände geben, so wollen wir uns jetzt der jüngeren Forschungsvergangenheit zuwenden.

Welche Antworten hat die Psychologie heute auf die angstvollen Fragen der Mütter nach den Auswirkungen einer Fremdbetreuung auf ihre Kinder? Inwieweit schadet es ihnen, zeitweise auf die Mutter verzichten zu müssen? Oder nützt es ihnen gar?

In den vierziger Jahren schockte der amerikanische Psychologe René Spitz, geschult an der Psychoanalyse Sigmund Freuds, die Öffentlichkeit mit dem Krankheitsbild des «Hospitalismus». Er fand Waisenkinder, die wenig emotionale und körperliche Zuwendung bekamen, im Zustand extremer geistiger und psychischer Vernachlässigung vor. Man schloß damals, dies alles sei die Folge vom Fehlen der leiblichen Mutter, und pries allein die «symbiotische Beziehung» von Mutter und Kind als Voraussetzung für eine glückende Sozialisation. Das hieß: Eine Mutter, die ihrem Kind in einem frühen Stadium seiner Entwicklung nicht ununterbrochen zur Verfügung steht, trägt möglicherweise Schuld an Beschädigungen des Urvertrauens, des Selbstbewußtseins oder der geistigen Entwicklung und ist auch verantwortlich für eventuelle spätere seelische Kälte, Beziehungsunfähigkeit oder gar das Abrutschen in die Kriminalität.

In den sechziger Jahren wurden jedoch die Ergebnisse von Spitz – die insbesondere von konservativer Seite zur Verherrlichung des «Mütterlichen» immer gern zitiert wurden – relativiert. Wieder waren es amerikanische Wissenschaftler, die erkannten, daß die Entwicklung von

Heimkindern bereits dann spürbar gefördert wird, wenn sie durch akustische, optische und fühlbare Reize angeregt werden. Bei Kindern bestehe von Geburt an ein starkes «Bedürfnis nach Eindrücken». In der Reaktion auf die früheren Hospitalismusthesen gingen Wissenschaftler sogar soweit zu behaupten, daß ein sechs Monate altes Kind «bedeutend länger durch ein System von Einwirkungen gefesselt werde, die dem Kind immer neue Eindrücke vermitteln, als durch Liebkosungen». Mit anderen Worten: Schöne bunte Spielzeuge, akustische Signalgeber seien viel wichtiger als liebevolle Zuwendungen. So wurde das Kind einstweilen mit dem Bade ausgeschüttet.

Doch immerhin: Der Mythos, nur die Mutter kann's richten, war schon Anfang der siebziger Jahre nachhaltig erschüttert. Auch in Heimen entwickeln Kinder Beziehungen zu bestimmten Pflegepersonen. Wie es ja auch in der Familie schon bald zu diversen, keineswegs flüchtigen Kontakten zwischen dem Kleinkind und anderen Personen seiner Umgebung kommt. Nur 13 Prozent einer größeren Gruppe von 18 Monate alten Kindern, so stellten amerikanische Wissenschaftler fest, hatten eine Bindung an ausschließlich eine Person, übrigens nicht notwendigerweise die Mutter. Alle anderen reagierten besonders auf Geschwister oder Väter, auf Großeltern, aber auch auf die Nachbarn. Dabei hatten die Kinder mit einer stärkeren Bindung an die Hauptperson auch gleichzeitig stärkere Bindungen an andere.

Damit war das Mutter-Ideal als Mythos enttarnt. Doch was ist mit dem Familien-Mythos? Um diese Frage zu klären, brauchten die Forscher ein Feld, eine Gesellschaftsform, in der Kinder zwar frei von materieller und psychischer Not sind, aber weitgehend ohne elterliche Erziehung aufwachsen. Sie fanden ideale Forschungsbedingungen in den israelischen Kibbuzim, quasi sozialistischen Dorfgemeinschaften, die zwar mittlerweile von der Geschichte überholt wurden, aber für den Aufbau des Staates Israel von existentieller Bedeutung waren. In den Kibbuzim fand sich «der Durchschnitt»: dicke und dünne, kluge und dumme, vorlaute und schüchterne, gewollte und ungewollte Kinder waren gleichermaßen vertreten.

Die amerikanische Entwicklungspsychologin Sandra Scarr hat die dort gesammelten Eindrücke in ihrem Buch zusammengetragen. Wir wollen sie hier in Kurzform noch einmal vorstellen, weil wir sie in unserem Zusammenhang für bedeutsam halten, nicht als nachahmenswertes Modell, nur als Beitrag zur Frage: Wieviel Mutter braucht ein Kind wirklich?

Also: Jeder Kibbuz, eine Kommune mit 500 und mehr Bewohnern, verfügte über ein Kinderhaus mit professionellen Betreuern, um die Frauen (und die Familie) von der ausschließlichen Verantwortung für die Kinder zu befreien. Die Mutter stand dem Kind nur in der Stillphase exklusiv zur Verfügung, in den ersten 6 Wochen nach der Geburt, und zwar überwiegend im Säuglingshaus. Bis zum vierten Monat arbeitete die Frau dann halbtags und widmete sich täglich nur noch vier Stunden ihrem Kind. Sie fütterte und wickelte es und spielte mit ihm. Nachts war die Säuglingsschwester zuständig, die immer mehr die «mütterlichen» Funktionen übernahm.

Mit 16 Monaten zogen die Säuglinge samt ihrer Säuglingsschwester (die zusammen mit einer Assistentin vier bis sechs Kinder zu betreuen hatte) ins Kinderhaus. Von dort holten die Eltern die Kleinen täglich zwei Stunden «zu Besuch» zu sich nach Hause und brachten sie abends im Kinderhaus ins Bett.

Wie «gestört» war nun der – nach unseren landläufigen Maßstäben viel zu früh alleingelassene – Kibbuz-Nachwuchs? Eine Studie von 1965, die 403 im Kibbuz erzogene Kinder von einem bis zwölf Jahren umfaßte, verglich die jungen Israelis mit einer Auswahl amerikanischer Kinder. Ergebnis: Keine Unterschiede in der Häufigkeit von Störungen im Kindesalter. Zwar lutschten Kibbuz-Kinder länger am Daumen (was im Kibbuz nicht so verpönt ist), dafür hatten sie geringere Eßstörungen als amerikanische Kinder. Schon 1954 ergab ein Vergleich, daß junge Erwachsene im Kibbuz «bemerkenswert unneurotisch waren». Verglichen mit israelischen Kindern, die in traditionellen Familie aufwuchsen, erwiesen sich Kibbuz-Erwachsene als genauso gescheit und anpassungsfähig wie andere.

Es wurden also diejenigen Lügen gestraft, die die Kibbuz-Kinder als Opfer pädagogischer Experimente bedauerten. Aber auch die, die meinten, im Kibbuz (und anderen Stätten der Gemeinschaftserziehung) werde nun der «neue» soziale Mensch erzogen, sahen ihre Erwartungen enttäuscht. Es gibt zwar Untersuchungen, wonach die gemeinschaftlich aufgewachsenen Kibbuz-Kinder sozialer seien und mehr Moral in sich trugen als andere. Gleichzeitig können aber andere Studien einen solchen Unterschied zu traditionell erzogenen Kindern nicht erkennen. Die amerikanische Entwicklungspsychologin Sandra Scarr resümiert angemessen nüchtern: «Es scheint, daß Kinder in jeder einigermaßen vernünftigen Umgebung glücklich aufwachsen und sich zu ihrem Besten entfalten können. Offenbar führt kollektive Erziehung durch anregende, sorgende Erwachsene weder zum Ruin noch zur Erlösung der Kinder.»

Es fällt übrigens auf – dies als kleiner Exkurs –, daß die meisten bahnbrechenden Arbeiten auf dem Gebiet der frühkindlichen Entwicklung in den USA entstanden. Das hat mehrere Gründe. Zum einen entwickelte sich dort nach dem Zweiten Weltkrieg die von den Nationalsozialisten aus Deutschland und Österreich vertriebene Psychoanalyse, die das frühkindliche Geschehen in den Mittelpunkt ihres Denkens stellt, besonders stürmisch. Zum anderen regiert in den USA ein aus unserer Sicht manchmal verwirrender Pragmatismus. Dort fragt sich die tonangebende Schicht unablässig: Wie können unsere Kinder noch erfolgreicher, noch gesünder, noch besser werden. Die US-amerikanische Politik beschäftigte sich zudem seit den Rassenunruhen und Sozialkrawallen der sechziger Jahre verstärkt mit dem Problem: Wie verhindere ich, daß aus einem kleinen Rüpel später ein kostenträchtiger Krimineller wird? Entsprechend viel Geld stand der Entwicklungsforschung zur Verfügung. Ihre Ergebnisse finden immer gute Abnahme. Nicht zuletzt entstand damals die anfangs überaus bildungsbeflissene Fernsehserie «Sesamstraße».

In Deutschland, genauer gesagt im Westen, war die frühkindliche kollektive Kindererziehung lange Zeit verpönt. Wer für «Kinderkrippen» war, mußte damit rechnen, als Parteigänger der «feindlichen» DDR angesehen zu werden. Ein Umdenken brachte die Studentenbewegung, wenn auch anfangs eher als Nebenprodukt. Wo sollten die aufrührerischen Frauen ihren Nachwuchs lassen? Kinderläden wurden gegründet, weil die aufkommende feministische Bewegung die traditionelle Frauenrolle strikt ablehnte und die Mütter sich dem herrschenden Kindergartenmangel nicht unterwerfen wollten. Das Modell «Tagesmutter» erblickte in Westdeutschland das Licht der Welt und führte, weil es sich gegen enorme Widerstände durchzusetzen hatte, zu einer intensiven Forschung, von der die Wissenschaft heute noch zehrt.

Hier einige Zahlen der damaligen Auswertung durch das Deutsche Jugendinstitut in München: Kinder, die für eine bestimmte Dauer des Tages bei Tagesmüttern untergebracht waren, entwickelten sich keineswegs schlechter als die Kinder einer Kontrollgruppe, die zu Hause blieben. «Während 57 Prozent der über zwei Jahre bei Tagesmüttern betreuten Kinder als uneingeschränkt ‹gut entwickelt› klassifiziert werden können, sind es nur 39 Prozent der Familienkinder, die dieser Gruppe zugehören.» Weiter: «Problematische Ansätze» – also daß Mütter und Kinder unfreundlich aufeinander reagieren, die Kinder unselbständig, gehemmt, aggressiv oder kontaktscheu sind – «finden sich sogar nur bei 25 Prozent der Tagespflegekinder, aber bei 46 Prozent der Familienkinder».

Auch im Bereich «soziale Kompetenz» schnitten die Tageskinder besser ab. Sie hatten seltener Hemmungen, wenn sie von Fremden angesprochen wurden, waren insgesamt offener für neue Situationen. Als die Kinder eine Reihe «kindgemäßer Aufgaben» bewältigen sollten, also etwa aus bunten Klötzchen Türme bauen, taten dies 49 Prozent der Kinder aus dem Tagesmütter-Modellprojekt ausgesprochen freudig, während dies nur für 36 Prozent der Familienkinder gesagt werden konnte. Kinder, die von Tagesmüttern betreut wurden, schienen insgesamt «etwas kreativer und weniger ablenkbar und weniger unkonzentriert». Das fanden übrigens Psychologen heraus, die nicht wußten, welches Kind zu welcher Untersuchungsgruppe gehörte.

Daß es Kindern bei Tagesmüttern angeblich dermaßen gutgeht, kann abgebenden Müttern durchaus Angst machen. Wird also das Kind den leiblichen Eltern durch die tagesmütterliche Betreuung entfremdet? Wie «bedrohlich» ist es, wenn beide herzlich schmusen, wenn gar das Kind zur Tagesmutti schon «Mama» sagt, wenn es schließlich nicht mehr nach Hause will? Bei Kindern, die zeitweise von Tagesmüttern betreut werden, konnten die Wissenschaftler mit Hilfe von Videoaufzeichnungen belegen, daß für 87 Prozent die leibliche Mutter die engste Bezugsperson bleibt. Und auch im Vergleich von «Familienkindern» und «fremdbetreuten» Kindern war kein Unterschied in der Mutter-Bindung feststellbar. Von Entfremdung durch

Fremdbetreuung kann also keine Rede sein. Auch Andrea, als Sozialarbeiterin zwölf Jahre für Tagesmütter zuständig, berichtet aus eigener Erfahrung und Beobachtung:

Viele Frauen haben Angst davor, daß ihnen die Kinder entfremdet werden bei der Tagesmutter. Das stimmt einfach nicht. Auch wenn die Kinder acht Stunden am Tag da sind. Das sieht man schon bei den ganz kleinen Kindern, den Babys. Die Bindung zur Mutter ist doch ganz anders. Die Kinder, auch schon die ganz kleinen, können das gut unterscheiden, wer ist die Mutter und wer die Tagesmutter.

Geforscht wurde – wie mehrfach erwähnt – nicht nur bei den Tagesmüttern, sondern auch – zur Kontrolle – bei «normalen» Familien, bei denen es so normal eben auch nicht ist. Die Wissenschaftler fanden beispielsweise heraus, daß bei Familienkindern Konflikte öfter von den Kindern, bei zeitweise fremdbetreuten Kindern eher von den Müttern ausgehen. Berufstätige Mütter sind jedoch klarer in ihren Strategien und Abgrenzungen. So wurde beispielsweise mit dem Kind um das knappe Zeitbudget deutlich und offen gerungen, die Konflikte wurden nicht verbrämt. Bei Müttern, die nur zu Hause sind und ihr Kind bei sich behalten, «ist die Tendenz größer, solche Interessengegensätze durch Überreden, Ablenken und Vertrösten des Kindes zu verdecken». Diese Mütter verhielten sich zwar zu ihren Kindern «überwiegend freundlich und erlebten ihre Beziehung als sehr harmonisch. Gleichzeitig aber waren die Kinder eher ängstlich und gehemmt und zeigten eine überdurchschnittliche Abwehr gegen die Mutter». Das ständige Aufeinanderhocken hat also nicht nur gute Seiten.

Diese Ergebnisse lassen sich durchaus verallgemeinern, wenn man auch betonen muß, daß die Rahmenbedingungen während des Tagesmütter-Modellversuchs geradezu ideal waren: Sowohl Tagesmütter, die vorher auf ihre Eignung geprüft worden waren, als auch abgebende Mütter wurden pädagogisch und psychologisch betreut, Tagesmütter auf ihre Aufgabe sogar intensiv vorbereitet. Das schloß auch eine Überprüfung der vorhandenen Räumlichkeiten ein. Es war eine Situation, wie man sie heute eigentlich nicht mehr antrifft.

Damals wurde also eindeutig nachgewiesen, daß Tagespflege kein Teufelswerk war. Und man konnte sich, nachdem dieses große Vorurteil entkräftet war, nun auch in der Bundesrepublik wichtigen Einzelfragen zuwenden. Immer wieder war behauptet worden, Kinder, die zeitweilig durch Tagesmütter etc. betreut werden, würden öfter krank als andere. Fremdbetreute Kinder unter drei Jahren klagen, so hieß es, z. B. besonders häufig über Krankheiten der Atemwege. All dies ließ sich jedoch nicht bestätigen, wie Wassilios Fthenakis, Professor am Münchner Staatsinstitut für Frühpädagogik und Familienforschung, auf dem Bundeskongreß des Tagesmüttervereins 1995 in Bonn ausführte. Diejenigen, die in der Familie aufwachsen, so Fthenakis, hätten die gleichen Symptome, nur würden sie später erkranken.

Ebenso unbewiesen bleibt die häufig erhobene Behauptung, Kindern in Fremdbetreuung würde häufiger etwas zustoßen. «Soweit bis jetzt Ergebnisse vorliegen, konnte bei Kindern in Betreuungseinrichtungen auch kein erhöhtes Risiko festgestellt werden, einen Unfall, sexuellen und/oder physischen Mißbrauch oder Vernachlässigung zu erleiden.» (Nach neueren Berichten drängt sich eher der Eindruck auf, daß die Gefahr des Mißbrauchs in einem nach außen abgeschotteten Familienmilieu ungleich größer ist!)

Und was ist mit der geistigen Entwicklung? Bei behüteten Mittelschichtkindern, so haben amerikanische Studien herausgefunden, sei kaum ein Unterschied zwischen familiärer oder zeitweiliger Fremdbetreuung festzustellen. Bei Kindern, die von zu Hause nicht viel Zuwendung bekämen, sei der kompensatorische Effekt durch eine außerfamiliäre Betreuung dagegen relativ groß.

Für viele Eltern lautet die entscheidende Frage: Wann sollen wir damit beginnen, unser Kind fremder Obhut anzuvertrauen. Volkes Meinung dazu ist klar: Je später, desto besser. Wissenschaftlich begründen läßt sich das nicht. Die Begleitforschung zum «Modell Tagesmütter» empfahl, mit der außerhäuslichen Pflege nicht später als mit zwölf Monaten zu beginnen. Man beobachtete «bei Kindern, die erst im zweiten Lebensjahr zu einer Tagesmutter kommen, ein deutliches Anwachsen der Eingewöhnungsprobleme». Der Unterschied setze ziemlich abrupt mit dem 12. Lebensmonat ein. 43 Prozent der Säuglinge unter einem Jahr, aber nur 29 Prozent der älteren schienen sich gleich am ersten Tag bei der Tagesmutter wohl zu fühlen. Die Jüngeren weinten deutlich seltener. Bei Kindern im dritten Lebensjahr (also ab zwei Jahren) lägen die Werte wieder vergleichsweise so günstig wie bei den ganz Kleinen.

Die amerikanische Entwicklungspsychologin Sandra Scarr rät zu einem noch früheren Abgabetermin. Sie sieht «die ersten fünf Monate» als guten Zeitraum an. «Hier stört es das Baby am wenigsten. Sobald es reif genug ist, einzelne Personen zu unterscheiden, wird es auf diese Weise gleichzeitig mit den Eltern und mit anderen Bezugspersonen vertraut werden.» Erst wenn Babys acht bis zehn Monate alt sind, würden sie starke Vorlieben für vertraute Menschen entwikkeln. Wenn Mütter ihr Kind dann abgeben, könnten sie ihre Babys «vorübergehend in große Not» stürzen. Auch erfahrene Krippenerzieherinnen, mit denen wir sprachen, empfehlen: «Je früher, desto besser.» Es gilt aber wohl auch: Es ist weniger wichtig, wann ein Kind abgegeben wird, als die Art, in der das geschieht und wie die Eingewöhnungsphase gestaltet wird.

Sandra Scarrs Thesen, das läßt sich denken, sind nicht unumstritten. Immerhin geht sie – und etliche ihrer Mitstreiter – von einem «kompetenten» Kleinkind aus, dem mehr zuzutrauen sei, als landläufig angenommen. Dem eigenen Zuhause wird zwar gern das Attribut «kinderfreundlich» verliehen, doch wie steht es damit wirklich? Natürlich ist es schön, wenn Mutter und Kind, während der Vater meist schon aus dem Haus ist, morgens gemeinsam aufstehen, einträchtig miteinander das Frühstück einnehmen, den Tagesplan aufstellen, der natürlich Museum, Schwimmbad und Kinderärztin umfaßt, in aller Ruhe Mittagessen vorbereiten (Kind darf mitschnippeln) und essen, um schließlich am Abend gemeinsam Papi zu begrüßen, um dann erfüllt ins Bett zu fallen.

Doch wie oft ist das nur Wunschdenken? Typische Eltern, die sich auch noch um Mahlzeiten, Wäsche, Putzen und dergleichen kümmern müssen, so fanden amerikanische Wissenschaftler heraus, beschäftigen sich «in direkter Aktion» nicht mehr mit ihren Kindern als Kibbuz-Eltern, die ihren Nachwuchs so selten sehen! Auch heute frißt die Organisation eines auch noch so kleinen Haushalts soviel Zeit, daß die Mütter sich deutlich seltener und weniger intensiv mit ihrem Nachwuchs beschäftigen (können), als dies Tagesmütter oder Erzieherinnen tun. Dazu Andrea, Sozialarbeiterin in Berlin:

Wenn man mal auf den Spielplatz guckt, da sieht man dann viele Mütter, die sitzen zusammen, unterhalten sich, trinken Kaffee und kümmern sich überhaupt nicht um ihre Kinder. Und dann sieht man auch einzelne Frauen, die sitzen abseits und sind unentwegt mit mehreren Kindern beschäftigt, buddeln mit ihnen, gehen mit ihnen auf die Klettergerüste und passen die ganze Zeit auf, gucken ständig, wo die Kleinen sind und was sie gerade machen. Und daran erkennt man, daß das Tagesmütter sind.

Zwar gibt es oft Phasen «glücklicher Nur-Mutterschaft», doch das Gegenteil dürfte genauso häufig sein. Englische Forscher fanden nämlich heraus, daß eine Nicht-Berufstätigkeit bei Frauen häufig mit Depressionen verknüpft ist, die dann auch zu einem Problem für die Kinder werden können. Eine Mutter, die «in Maßen» berufstätig ist, sich auf der Arbeit Selbstbestätigung holt und von der Familie abschaltet, kann dem Kind in der gemeinsamen Zeit mehr geben, als eine, die innerlich gestreßt ist, es aber weder sich noch dem Kind eingestehen mag.

Und wie steht es mit dem «Einzelkind», von denen es heute erheblich mehr gibt als früher? Zwar haben neuere Forschungen längst belegt, daß «Einzelkind sein» nicht nur ein Fluch, sondern durchaus auch Segen sein kann. Dennoch fehlt der Spielgefährte, die Familie scheint – auch nach dem Eindruck vieler Erwachsener – irgendwie unfertig. Bieten da nicht eine Tagesmutter oder eine gute Krippe die «Erweiterung des Horizonts», die frühe Einübung des Teilens, Gebens und Nehmens? Natürlich werden fremdbetreute Kinder häufiger als dies in «harmonischen Familien» der Fall ist, im Umgang mit anderen Kindern früh mit Aggressionen, Intoleranz oder auch Psycho-Streß konfrontiert. Aber sie lernen auch, damit umzugehen, so lange sie einen «sicheren Background» haben.

Schon 1990 hatte in Deutschland jedes dritte Kind unter drei Jahren eine erwerbstätige Mutter. Die «Bindungsforschung» sagt diesen Müttern – nicht im Einzelfall, sondern der Gesamtgruppe: Ihr braucht euch um die Entwicklung eurer Kinder keine Sorgen zu machen. So ist heute schon längst nicht mehr die entscheidende Frage, ob eine frühe Fremdbetreuung Schaden anrichtet. Es geht nur darum, wie die Fremdbetreuung ausgestaltet wird. Ninette Shockley, Diplom-

Pädagogin, Mutter eines Kindes mit zwei Tagesmutter-Erfahrungen und Lehrerin an der Fachschule für Sozialpädagogik in Hamburg-Altona:

Es kommt immer auf den Einzelfall an. Es kann sehr wohl sein, daß, wenn ein anderthalbjähriges Kind am Tag zehn Stunden weg ist, die Mutter-Vater-Kind-Bindung erheblich leidet, wenn die Eltern es versäumen, ganz bewußt gegenzusteuern, indem sie sich in der verbleibenden Zeit intensiv mit ihrem Kind beschäftigen. Ich war gerade in Schweden und habe den Fall einer Tagesmutter miterlebt – dort sind Tagesmütter ja eine selbstverständliche Einrichtung –, wo das kleine, zweijährige Mädchen der Tagesmutter morgens um sechs ins Bett gelegt und abends um sieben wieder abgeholt wurde. Es hat zu ihr dann «Mama» gesagt. Da sie nun eine liebevolle Frau ist, ist diese Situation für das Kind nicht unbedingt schädlich, für das Verhältnis der Eltern zu ihrem Kind vielleicht schon.

Insgesamt jedoch lassen sich genügend Argumente dafür finden, daß die Fremdbetreuung weder Mutter noch Kind schadet und sich oft sogar ausgesprochen positiv auf alle Beteiligten auswirkt.

Mütter, die darunter leiden, nur noch für das Kind da sein zu müssen, die sich zu Tode langweilen und lieber berufstätig wären, Eltern, die unter finanziellem Druck stehen: Sie alle sind gut beraten, wenn sie ihr Kind einer zeitweiligen Fremdbetreuung anvertrauen, je nach seinem Entwicklungsstand.

Dabei hängt die Güte der Fremdbetreuung auch von den Rahmenbedingungen ab. Wie sieht das bei der Tagesmutter in der Nähe aus? Wie bei staatlichen Einrichtungen? Bei letztgenannten kommt es vor allem darauf an, wieviel individuelle Aufmerksamkeit das Kind dort erwarten kann. Dazu Ninette Shockley:

Es wird leider überall gespart und weggestrichen. In der staatlichen Krippe in Hamburg ist es ja so, daß eine Kinderpflegerin und eine Erzieherin für acht, neun oder zehn Kinder zuständig ist. Manchmal kommt noch eine Praktikantin hinzu. Das ist das mindeste, was verlangt werden muß. Ich habe aber auch schon eine Einrichtung besucht, wo es 16 Unter-Zweijährige gab. Und da habe ich beobachtet, wie alle diese Kinder gewickelt wurden, Unterhosen angezogen bekamen usw. Und wer fertig war, mußte sich schon artig an den Tisch setzen und still warten, bis das Essen kam: Das waren geschlagene 20 Minuten. Das wirkte alles furchtbar dressiert. Kinder sind so nicht.

Das Wichtigste für ein Kind ist, sich auf dieser Welt angenommen und erwünscht zu fühlen. Hat es liebevolle Eltern und fürsorgliche Erzieher oder Tagesmütter – was soll dann noch passieren? Wer sich ohnehin um sein Kind sorgt, der kann also nicht so viel falsch machen, wie viele befürchten. Keine Frau muß heute – gegen ihre innere Stimme – Hausmutter sein, nur weil dies dem Kind angeblich guttut. Denn: «Eine sichere Bindung an eine Betreuungsperson», so der Münchner Professor Wassilios E. Fthenakis, «kann sich dann sogar ausgleichend gegenüber einer unsicheren Kind-Mutter-Bindung auswirken.»

Die Bindungsforschung kann – zumal das Thema außerordentlich komplex ist und es erschreckend wenig Studien aus dem mitteleuropäischen Raum dazu gibt – keine letzten Sicherheiten vermitteln. Doch sie gibt eindeutig Entwarnung: Eltern brauchen keine Angst davor zu haben, wenn sie ihr Kind für mehrere Stunden am Tag anderen, verläßlichen und sympathischen Personen anvertrauen, die Verständnis haben für die Sorgen, Nöte und Chancen unserer Kleinsten.

Gisela Brehmer hat in ihrem Buch *Aus der Praxis einer Kinderärztin* einen kurzen und gut verständlichen Abriß über die Entwicklungsphasen von Kleinkindern geschrieben, aus dem wir zitieren möchten, was sich im Gefühlsleben der Kleinsten – auch in bezug auf Fremdbetreuung – abspielt:

Der Säugling von 0–6 Wochen
Die Gefühle spiegeln in dieser Zeit die elementaren Triebe unmittelbar wider. Was Leben fördert, bewirkt Lust, was es einschränkt, Unlust. Das ist der menschliche Naturzustand in seiner elementaren Form, und er äußert sich hier noch ungehemmt. Der Säugling lebt in der Symbiose mit der Mutter, er unterscheidet die eigene Person noch nicht von derjenigen, die ihm solch Wohlbehagen verschafft, und ist mit ihr infolgedessen aufs tiefste verbunden ... so daß schon in den ersten Wochen gewisse Grundlagen des emotionalen und sozialen Verhaltens gelegt werden. Die tiefe Bindung zu dem einen Elternteil schließt aber weitere Bindungen, z. B. zu dem anderen Elternteil oder der Tagesmutter nicht aus.

Der Säugling von 6 Wochen bis zu einem Jahr
Konstante Gefühlsbindungen werden vor allem im Alter zwischen 7 und 11 Monaten eingegangen. Das bedeutet, daß sich der Säugling an eine oder auch 2 bis 3 enge Betreuungspersonen bindet. War aber bislang die Mutter die einzige nahe Bezugsperson, wird sie von jetzt an zum eindeutig bevorzugten Liebesobjekt. Sie ist dann nicht mehr gegen andere (z. B. Tagesmutter, Großmutter) austauschbar. Der Säugling stellt besondere Ansprüche an sie, vor allem sollte sie ständig anwesend sein. Insbesondere bis zum Alter von 18 Monaten scheint eine auch nur stundenweise Abwesenheit der Mutter zu anhaltenden Angstzuständen zu führen. Werden die Säuglinge aber schon vor dem Fremdeln oder spätestens in den folgenden Monaten auch vom Vater, einer Tagesmutter, Oma regelmäßig betreut, gibt es diese Probleme nicht oder zumindest nur in abgemilderter Form. Der Säugling geht dann mit mehreren Personen statt nur mit der Mutter Bindungen ein. Fremdbetreuung be-

sagt nicht, daß sich das Kind weniger geborgen oder weniger tief und innig mit der Mutter verbunden fühlen wird. Der Beziehung von Mutter und Kind fehlt lediglich die Ausschließlichkeit. Dadurch wird dieses Kind weniger ängstlich nur auf die Mutter fixiert sein.

Das Kind im Alter von 1 bis 2 Jahren

Die Gefühlsregungen sind zwar intensiv, aber noch wenig nachhaltig und tief, so daß ein neues fesselndes Ereignis Leid, Enttäuschung oder Verwunderung im Nu in strahlende Freude, Zorn oder ein neues Staunen verwandeln kann. Besonders hervortretend sind die Gefühle von Angst, Aggressivität und einfachem Mitgefühl. Kinder, die mit einem halben oder spätestens einem dreiviertel Jahr an verschiedene Betreuungspersonen und Umgebungen gewöhnt werden, haben keine Trennungsangst beim Abschied von der Mutter oder die extreme Furcht vor dem Ungewohnten, die das Einjährige in der Nähe seiner Eltern hält. Sie haben erfahren, daß sie von vielen Erwachsenen beschützt werden, und kennen mehrere «ungefährliche» Umgebungen. Deshalb stimmt die immer noch verbreitete Auffassung nicht, daß eine emotional enge Bindung nur zur Mutter die Angst vermindere und dem Kind Sicherheit gebe. Wenn ein Kind aber erst einmal insbesondere an eine stark behütende Mutter gebunden ist, ruft die Trennung starke Ängste hervor.

Das Kind im Alter von 2 bis 3 ½ Jahren

Dem neuen Ich-Bewußtsein entspricht in der Gefühlswelt die Notwendigkeit zur Entwicklung eines Selbstwertgefühls. Dieses ist anfangs noch ganz unabhängig von der Außenwelt und leicht durch Lob und Bestätigung zu stärken und durch Tadel zu mindern. Neben Trotz-, Wut- und Jähzornausbrüchen treten Stolz, Scham, Verlegenheit, Haß und Eifersucht. Die Stimmung ist äußerst labil, Konflikte mit der Mitwelt sind deshalb manchmal nicht zu umgehen. Es ist die Zeit der ersten Lösung aus der engen Verbundenheit mit den Eltern.

Die Alternative: Krippen sind gar nicht «so»

Es muß nicht immer eine Tagesmutter sein! Wie wäre es mit einer Krippe? Für sie gibt es durchaus gute Argumente. Hier entfällt beispielsweise, was im Fall der Tagesmutter oft stört: die Abhängigkeit von einer einzelnen Person. Andererseits hat die Krippenerziehung einen schlechten Ruf. Ihr hängt eine Vergangenheit an, die weniger mit Erziehung und mehr mit Konditionierung zu tun hat. Und viele der Krippen in der ehemaligen DDR, die es dort bekanntlich flächendekkend gab, haben leider nicht dazu beigetragen, dieses Bild zu erschüttern.

Im Osten Deutschlands ist die Institution «Krippe» nach wie vor selbstverständlich und anerkannt. (Dort muß man Tagesmütter noch mit der Lupe suchen.) Im Westen ist es umgekehrt. Obwohl sich mittlerweile die Krippenerziehung insgesamt nachhaltig geändert hat, ist der alte Ruf schwer abzustreifen. Da es sich um Kleinkinder handelt – besonders Schutzbedürftige also – ist das Thema emotional hoch aufgeladen. Für viele liegt eine «Tagesmutter» schon allein deshalb näher, weil sie die Fortsetzung des «Bemutterns» ist. Krippe aber – ist das nicht schon das rauhe, feindliche Leben?

An der Krippe scheiden sich die Geister – auch ideologisch. Es wäre interessant zu erforschen, warum die einen Mütter ihre Kinder nur zu einer Tagesmutter geben würden, die anderen vielleicht lieber in eine Kinderkrippe, und einer dritten, sicher sehr viel kleineren Gruppe, beides recht wäre. Darüber wissen wir fast nichts. Nach den keineswegs repräsentativen Umfragen unter unseren Bekannten schälen sich zwei Varianten heraus. Sarah, als Lehrerin berufstätig, brachte ihren kleinen Sohn Max in die Krippe:

Ich habe mir auch Tagesmütter angeguckt, aber irgendwie war nicht das richtige dabei. Dann haben wir beschlossen, unser Kind in eine Krippe zu geben. Wir haben einen kleinen, ziemlich wilden Sohn, von dem wir das Gefühl hatten, der wird sich schon durchsetzen. Andererseits war mir wichtig, eine «verläßliche» Institution zu haben. Nicht davon abhängig zu sein, daß die Tagesmutter krank wird. Das Kind auch mal später abholen zu können.

Sarah hat ihre Entscheidung nicht bereut. Max fand in der Gruppe viele nette Kinder, und seine Mutter unter den Eltern etliche Gleichgesinnte, so wie man sich das wünscht. Wobei die Krippe, das muß man wohl dazu sagen, in einer «besseren Gegend» lag. Die Erzieher waren zudem moderner Pädagogik gegenüber sehr aufgeschlossen, so daß das gesamte Projekt für die Gesamtschullehrerin Sarah äußerst akzeptabel war.

Anders als bei der eher privaten Tagesmutter hat man es bei einer Krippe mit einer Institution zu tun. Viele Konfliktpunkte – etwa Probleme mit Urlaubszeiten oder Krankheit der Betreuerin – entstehen gar nicht erst oder können, weil mehr Personal beteiligt ist, besser aufgefangen werden. Im Konfliktfall reagiert man gegenüber einer Krippe und Erzieherinnen anders als gegenüber einer Tagesmutter. Gerade weil das Verhältnis zur Tagesmutter persönlicher ist, scheut man sich womöglich vor allzu persönlicher Kritik. Hannelore, Mutter eines 3jährigen Sohnes:

Das Verhältnis zu einer Erzieherin in der Krippe ist neutraler. Da würde ich mich eher etwas trauen. Beispielsweise als die Sache mit dem verschobenen Urlaub war, über die ich mich sehr geärgert habe. Da habe ich mich gegenüber der Tagesmutter nicht getraut, was zu sagen. Weil ich immer denke, es muß ein gutes Verhältnis sein zwischen Mutter und Tagesmutter. Dann habe ich meinen Ärger einfach geschluckt. War dann aber doch unzufrieden mit mir.

Birgit steht für die Mütter, für die eine Krippe nicht in Frage kam, obwohl, wie sie eingesteht, sie sich noch nie eine angesehen hat.

Das war für mich emotional nicht möglich. Ich hätte immer das Gefühl gehabt: Ich gebe mein Kind weg. Wenn ich mich schon nicht kümmere, dann sollte es zumindest so etwas wie ein Familienersatz sein. Da war die Tagesmutter schon die weitestgehende Variante. Und eine Tagesmutter mit einer allzu großen Gruppe hätte ich auch nicht genommen. Auch keinen Kinderladen. Ich habe immer gedacht, ein Kind muß bei der Familie sein.

Also kam Jette zu einer Tagesmutter und hat sich da zweifellos wohl gefühlt, was das schlechte Mutter-Gewissen etwas erleichtert hat. Im Unterbewußtsein hat bei Birgit allerdings auch eine Rolle gespielt, daß sie Krippen, um es salopp zu sagen, für Vorstufen von Waisenhäusern hält: Aufbewahrungseinrichtungen für die Ärmsten der Armen. Daß dann die Krippe, die vom Einzugsgebiet her für ihr Kind in Frage gekommen wäre, mitten in einem sozialen Brennpunkt lag, mag dieses Ressentiment noch verstärkt haben.

Dennoch gibt es eigentlich wenig Gründe, die Krippe von vornherein auszuschließen. Warum erleben wir bei Krippen nicht, was bei Schulentscheidungen gang und gäbe ist? Daß sich Mütter (Eltern) die Einrichtungen in ihrer Nähe angucken, und wenn es nur aus Neugier geschieht. Ein Besuch bei den «Professionellen» kostet nichts, weitet den Horizont und muß keineswegs eine Vorentscheidung für den eigenen Nachwuchs sein.

In einer Einrichtung im Westen Hamburgs, einem ansprechenden Neubau, konnten wir die alten Vorurteile überprüfen:

Dienstag morgen, 11.00 Uhr, Hochbetrieb. Acht Kinder bringen «Leben in die Bude». Sophie und Sascha sitzen strahlend in einer Plastikbadewanne voller Bohnen, lassen sie durch ihre Hände rieseln und schmeißen das eine oder andere Böhnchen in hohem Bogen auf den Spielteppich. Katja und Miriam balgen sich auf einer von den Erzieherinnen gefertigten Luftballon-Matratze, aufgepustete Ballons in einem alten Kissenbezug. Die Kleinste, Lena, hangelt sich stolz an den Regalen entlang. Tim und sein Freund Philip krabbeln die Spieltreppe rauf und lassen sich wieder runterrollen. Ramona schiebt den Kinderwagen durch die Gegend, und Tom rüttelt an der Plastikwanne, in die er auch endlich will. Alle sind also gerade mit wichtigen Dingen beschäftigt.

Der Raum ist freundlich gestaltet, von der Decke hängt ein großes

Gaze-Tuch, das ihm das Eckige nimmt. Kissen, Polster und Plüschtiere liegen herum. In einer Ecke läßt sich mit kleinen Korbmöbeln richtiges Familienleben ausprobieren. «Wir haben hier praktisch kein Gestühl im Gruppenraum, das schafft mehr Bewegungsfläche», sagt die Gruppenleiterin Ingeborg Moritz. Heute morgen stehen den Kindern zwei Erzieherinnen und eine Praktikantin zur Verfügung, da niemand krank ist. Die Gruppe umfaßt insgesamt 13 Kinder zwischen einem halben und drei Jahren, wobei selten alle da sind. Elf Kinder tragen noch Windeln. «Das jüngste Kind, das wir je hatten, war ein Mädchen, das mit vier Monaten gebracht wurde. Für sie wurde eigens so eine Art Hundekörbchen ‹umfunktioniert›, wo sie abseits der Spielenden schlafen konnte. Die anderen Kinder haben ganz toll ‹auf unser Baby›, wie sie sagten, aufgepaßt.»

Die harten alten Krippen-Zeiten sind hier längst vorbei. Noch mit Schaudern erinnert sich Ingeborg Moritz an «ihre» Anfänge: «Früher wurden alle Kinder gleichzeitig auf den Topf gesetzt. Die Kinder, die nicht ‹machten›, kriegten einen Klaps auf den Po und machten dann schon vor lauter Schreck. Die Kinder waren in Jahresgruppen zusammengefaßt. Die Hauptarbeit der Erzieherin, eigentlich Säuglingsschwester, bestand darin, die Kinder täglich zu baden, Fingernägel zu schneiden und Nasen zu putzen. Fußleisten und Möbel wurden täglich desinfiziert.» Selbstverständlich durften die Kinder, denen man kaum ein eigenes Ich zusprach, bei den Mahlzeiten nicht allein essen, sondern wurden gefüttert.

Heute lernen sie früh, selbst zu essen. Um 11.30 steht das Mittagessen auf dem Tisch, heute Kartoffelpüree und Kochfisch in weißer Sauce. Die meisten Kinder füllen sich selbst auf. Ihre Teller sind aus Porzellan, sie trinken aus Gläsern – Plastikgeschirr gibt es hier nicht. Scherben kommen kaum vor. Einmal im Monat ist «Schweine-Eßtag», da dürfen alle – auch die Erzieher – mit den Fingern essen.

Das «Taktile» ist den Erzieherinnen wichtig, immer wieder fühlen, anfassen, be-greifen. In einem Nebenraum können die Kinder mit Wasser spielen und vor allem, was sehr beliebt ist, «mit Seifenschaum». Dort befindet sich auch eine Wand zum Betasten: Wie fühlt sich ein Topfschrubber an, eine piksige Haarbürste, eine weiche Flauschbürste, ein Stück Maschendraht?

Ständig wird an der Einrichtung weitergewerkelt, es gibt noch etliches zu tun. Viele Gedanken verwendet man auf Bewegungsmöglichkeiten, die die Kleinen zu Hause oft nicht haben: Höhen, schräge Ebenen, Treppen. Der Erfindungsreichtum ist enorm. Nur die Feuerwehr setzt manchmal Grenzen, weil sie manches aus Sicherheitsgründen nicht erlaubt. Es dürfen beispielsweise nur Stoffe verwendet werden, die nicht brennbar, aber leider sehr teuer sind.

Die Erzieherinnen haben eine schwere, im Grunde schlecht bezahlte Arbeit. Zwar beträgt die Arbeitszeit nur noch 38,5 Stunden (vor ca. 20 Jahren waren es noch 48 Stunden!), doch ist das Anfangsgehalt von 1800 Mark netto knapp bemessen: «Das kriegen andere schon im dritten Lehrjahr.» Solange alle gesund sind, reicht das Personal aus, doch wann ist das schon der Fall? Der ewige Lärm zerrt an den Nerven, das dauernde Tragen von Kindern an der Wirbelsäule, die eingeschleppten Krankheitskeime nagen am Immunsystem. Das ambitionierte Programm kostet Kraft: Einmal die Woche schwimmen gehen, einmal Turnen auf dem großen Turnboden – den Kindern wird einiges geboten.

Großer Wert wird auf die Arbeit mit den Eltern gelegt. Elternbriefe, Elternnachmittage, Elternbasteln, Elternabende – das sind alles zusätzliche Termine. Sie werden von vielen Eltern gern angenommen, weil «die Unsicherheit in Erziehungsfragen doch sehr groß ist», so Ingeborg Moritz. Jeder hat so sein Päckchen zu tragen. Da gibt es Mittelschichteltern, die «ihr Kind zwar abgeben, aber schlecht loslassen können, was die Kinder auch merken». Und es gibt Unterschichteltern, die ihr eigenes Leben selbst kaum geregelt kriegen, geschweige denn ihren Kindern ein behütetes Zuhause bieten können. «Viele lassen sich von ihren Kindern auch auf der Nase herumtanzen.»

Es gibt schlechte Krippen und gute. Wie bei den Tagesmüttern. Auf drei Dinge müssen Eltern unserer Meinung nach besonders achten: Ist die Umgebung kinder- und damit bewegungsfreudig gestaltet? Gibt es immer genügend Personal? Daran mangelt es oft, und dieses Problem wird durch den staatlichen Sparzwang noch verstärkt. Verhalten sich die anderen Kinder so, daß sich meines dort wohl fühlen könnte? Die anderen Kinder sind deshalb so wichtig, weil das Kind in der Gruppe bleibt, auch wenn Erzieherinnen durch Krankheit oder Kündigung ausfallen.

Oft sind, wie in der besuchten Einrichtung, Krippen und Kindergärten unter einem Dach. Das erleichtert den Übergang. Man kennt sich schon. Ist das «Krippenkind» alt genug, beginnt bereits die Anwärmphase. Ingeborg Moritz: «Wir gewöhnen die Kleinen langsam an die neue Umgebung, gehen anfangs erst einmal für eine Stunde in die neue Gruppe. Wir legen also viel Wert auf eine geduldige Eingewöhnung.» Die Erzieherin weiß um den Wert einer guten Eingewöhnung, ob in der Krippe oder im Kindergarten: «Bei schlechter Eingewöhnung sind die Kinder viel häufiger krank.»

In vielen städtischen, freien oder kommunalen Einrichtungen wandelt sich mittlerweile das Klima: starre Altersgrenzen werden aufgehoben, kuschelige Rückzugsnischen eingerichtet, gefüttert wird nur noch im Notfall. In etlichen Einrichtungen gibt es schon «Restaurants», wo die Kinder sich an den Tisch setzen «wie im richtigen Leben». Man setzt auf die Kompetenzen der Kleinen. Allzu Kindliches, wie Kinderkaufläden und Kinderküchen, weicht zunehmend Realbegegnungen: Besuche bei der Feuerwehr, Einkaufen auf dem Wochenmarkt, Ausflüge mit U- und Straßenbahnen in die Stadt.

Früher gab es ausschließlich altershomogene Gruppen. Entsprechend alptraumartig muß es gewesen sein, wenn fünfzehn Zweijährige in einem Raum zusammen waren. Heute wird die richtige Mischung angestrebt. Gruppen für Kinder von einem bis zu sechs Jahren sind keine Seltenheit mehr. Hier soll alles so sein wie in großen Familien, in denen man sich gegenseitig hilft. Auch Rosalie, 42 Jahre, die fünfzehn Jahre lang Tagesmutter war und nun einen altersgemischten Kinderladen in Hamburg mit aufgebaut hat, ist begeistert:

Wir haben sechs Kleine zwischen einem und drei Jahren und zehn größere Kinder. Für die Kleinen gibt es zwar einen Kleingruppenraum, doch können auch alle zusammen spielen. Und wenn die Eltern zu uns kommen, empfinden sie das noch als kuschelig. Das ist sehr behütet. Die Großen helfen den Kleinen, nehmen sie an die Hand. Heute hatten wir Fasching, da haben sie die Kleinen mit geschminkt, das läuft richtig liebevoll ab und ist schön mit anzugucken. Viele Kinder sind ja heute Einzelkinder, und bei uns können sie wie in einer Großfamilie sein.

Ohne daß die beiden Gruppen – Tagesmütter wie Krippen – voneinander Kenntnis nehmen, nähern sie sich in ihrer inhaltlichen Arbeit an. Die einen «mischen» ihre Gruppen. Die anderen tendieren, wenn auch noch nicht in großer Zahl, zur Bildung von «Großpflegestellen», die gesetzlich durchaus erlaubt sind. Wenn sich nun drei Tagesmütter zusammentun und jeweils fünf Kinder mitbringen, sind es schließlich schon 15 Kinder: Das ist schon fast ein Kindergarten. All diese Modelle sind bereits möglich.

Meistens werden Eltern sich aber zwischen einer «normalen» Tagesmutter und einer «normalen» Krippe entscheiden. Was spricht für die eine, was für die andere Lösung?

Ende der siebziger Jahre führte das Deutsche Jugendinstitut (DJI) eine Untersuchung über Krippen und herkömmliche Tagespflege (ohne Modellcharakter) durch, dessen Ergebnisse die Familienforscherin Gisela Erler kürzlich noch einmal im Handbuch der Bundesregierung zusammenfaßte. Damals kam das DJI zu dem Ergebnis, daß

- weder Krippen noch Tagespflegestellen pauschal als gut oder schlecht zu beurteilen sind;
- beides geeignete Betreuungsformen für Kleinkinder sind;
- beide ihre spezifischen Vor- und Nachteile haben, die bekannt und im Einzelfall abzuwägen sind;
- beide Formen erhebliche Mängel in der Ausstattung aufweisen, die behoben werden könnten.

Die derzeitige gesellschaftliche Entwicklung führt dazu, daß beide das Image des Notbehelfes immer mehr abstreifen. Äußerlich ist dies auch an der Angleichung der Förderrichtlinien erkennbar, wie es sie in Hamburg und Berlin schon gibt. Krippen und Tagesmütter werden rechtlich gleichgestellt. Und es gibt Tendenzen stärkerer Zusammenarbeit. So hat sich zum Beispiel die Tagespflegebörse in Hamburg-Altona, die Tagesmütter und leibliche Mütter zusammenbringt, so bewährt, daß überlegt wird, ein derartiges Dienstleistungsangebot auch auf den Bereich der Krippen und Kindergärten auszuweiten. Andererseits hat der neuerliche Rechtsanspruch auf einen Kindergartenplatz gerade kleine Kommunen angespornt, statt in teure Kindergärten eher in den Ausbau eines Tagesmütternetzes zu investieren. Und zwar für

Spricht für eine Tagesmutter	Spricht für eine Krippe
• private, häusliche Atmosphäre	• öffentliche Institution
• kleine, überschaubare, familiäre Gruppe	• große Gruppe, mehr Auswahl an Kindern und Eltern
• Einbindung in einen normalen Haushalt (kochen, waschen etc.)	• kein «Familienplüsch»
• Tageskind lernt u. U. den Mann der Tagesmutter auch als Teil der Familie kennen	• kein eventuell konfliktbeladenes Sonderverhältnis zum eigenen Kind der Tagesmutter
• eine feste Bezugsperson	• 2–3 feste Bezugspersonen
• «Mutter»-Orientierung	• «Erzieher»-Orientierung
• eventuell große Lebenserfahrung der Tagesmutter	• qualifiziertes Personal
• Die Tagesmutter ist «ihr eigener Herr», bestimmt selbst das Betriebsklima	• größere gegenseitige Aufsicht des Personals, Fachgespräche untereinander
• flexiblere Abholregelung, Sonderregelungen möglich	• verläßliche Öffnungszeiten
	• Krankheit und Kündigung von Erziehern führen nicht zum Abbruch des Betreuungsverhältnisses, das Kind bleibt in der vertrauten Umgebung und Kindergruppe

alle Altersstufen. Denn schon heute betreuen Tagesmütter zu einem Gutteil Kinder, die älter als drei Jahre sind – manches Kind bis zur Volljährigkeit!

In einigen wenigen Regionen, Gisela Erler zitiert den Modellversuch Maintal, gibt es sogar bereits weitgehende Kooperationen. Dort treffen sich Tagespflegegruppen in Kindertagesstätten, besuchen Tagesmütter mit Tageskindern Kindergärten der Umgebung, existieren gemeinsame Fortbildungsnachmittage für pädagogische Fachkräfte,

Tagesmütter, Eltern und Interessierte, wobei die Kindertagesstätten bei gemeinsamen Fortbildungsveranstaltungen schon mal die Pflegekinder einer Tagesmutter übernehmen!

Bei gutem Willen und nach Abbau bürokratischer Hemmnisse sind alle möglichen Mischformen zwischen der noch weitgehend isolierten Tagespflege und den groß organisierten Kindertageseinrichtungen denkbar. Vor allem in Großstädten gehen Tagesmütter schon jetzt dazu über, sich auch in der Praxis gegenseitig zu unterstützen, sich zusammenzuschließen, um die strukturellen Defizite der Kleinstpflege aufzubrechen.

Kinder brauchen sowohl Rückzugsmöglichkeiten als auch die Chance zum großräumigen Herumturnen. Eine Vernetzung könnte beides bieten. Manche brauchen nur eine stundenweise Betreuung, bei anderen sind die Eltern – vielleicht nur an einem Tag – sehr lange aus dem Haus. Was machen sie, wenn der Kindergarten schließt? Könnte da nicht eine Tagesmutter zur Verfügung stehen? Bei einer guten Zusammenarbeit der Betreuungspersonen ließe sich auch besser entscheiden, ob nicht ein Kind, das sich in einer Krippe unwohl fühlt, bei einer Tagesmutter besser aufgehoben wäre. Das gilt natürlich auch umgekehrt. Gerade in bevölkerungsarmen Landstrichen könnte man sich manch teure Kinderkrippe sparen, wenn es verläßliche, größere Tages-Pflegestellen gäbe.

Wie finde ich eine Tagesmutter?

Über das Jugendamt

Eine wichtige Anlaufadresse ist nach wie vor das Jugendamt. Nach dem Jugendwohlfahrtsgesetz, das bis 1991 in Kraft war, mußten sich alle Frauen, die Tageskinder aufnehmen wollten, «staatlich prüfen» lassen. Heute gilt das Kinder- und Jugendhilfe-Gesetz (KJHG), das eine generelle Prüfung von Tagesmüttern nicht mehr vorsieht. Der Verzicht auf die Überprüfung von potentiellen und aktiven Tagesmüttern wurde damit begründet, daß es eine zu große «Grauzone» gäbe, also Frauen, die sich auf dem freien Markt ihre Schutzbefohlenen suchen, ohne daß der Staat überhaupt Kenntnis davon hat.

Eine Pflegeerlaubnis vom Jugendamt braucht eine Tagesmutter heute nur noch, wenn sie mehr als drei Vollzeittageskinder (das heißt 8 Stunden pro Tag, 5 Tage pro Woche) aufnehmen will oder wenn sie ein Kind aufnimmt, dessen Aufenthalt bei ihr von staatlicher Seite (mit-)finanziert (zum Beispiel über das Jugendamt) oder im Rahmen einer Familienhilfeplanung empfohlen wird (zum Beispiel bei psychischer Überlastung der Eltern oder defizitären Entwicklungen der Kinder).

Bei staatlich geprüften Tagesmüttern sind von Jugendamtmitarbeitern die zur Verfügung stehenden Räumlichkeiten besichtigt, ihre Erziehungsvorstellungen abgefragt sowie ein Gesundheitsattest und das polizeiliche Führungszeugnis eingesehen worden.

Nun ist jedoch auch die Überprüfung von seiten der Sozialarbeiter – neben allen objektiv zu erfüllenden Kriterien – sicherlich subjektiv eingefärbt. Eltern, die eine «staatlich geprüfte» Tagesmutter auswählen, sollten nicht blindlings auf dieses Siegel vertrauen, sondern ganz genau hinschauen, ob diese Frau und die Gegebenheiten ihnen persönlich gefallen.

Die Tagesmütter-Vereine

Die Tagesmütter-Vereine bieten die Vermittlung von Tagesmüttern an, die bei ihnen Mitglieder sind. Hierfür zahlen diese Frauen Beiträge und bekommen dafür im Gegenzug Tageskinder vermittelt. Außerdem werden sie über die Vereinszeitschriften mit wichtigen Anregungen und Informationen zu ihrer Tätigkeit versorgt.

Eine «Überprüfung» der Mitglieder findet nicht statt, da letztlich die abgebenden Eltern prüfen müssen, ob ihnen die vermittelte Frau und ihr Umfeld zusagen.

Mund-zu-Mund-Propaganda

Hört man sich im Bekanntenkreis um, erhält man sicherlich auch den einen oder anderen Tip für eine Tagesmutter. Auf diese Weise kann man im Vorfeld schon durch Gespräche mit anderen abgebenden Müttern die zu erwartenden Gegebenheiten abklären. Aber auch hier gilt die Devise: Was der einen Mutter gefällt, muß nicht unbedingt auch der nächsten zusagen.

Anzeigen in Zeitungen

Im Kleinanzeigenteil aller Tageszeitungen und auch der Regional- oder Anzeigenblätter finden sich viele Inserate von Tagesmüttern, die Plätze anbieten. Hier mischen sich «freie» und auch «staatlich geprüfte».

Private Vermittler von Tagesmüttern

Dieser Weg, eine Tagesmutter zu finden, ist sicherlich noch die Ausnahme. Hier müssen die Eltern für die Vermittlung ein gewisses Entgelt (bis zu mehreren hundert Mark) bezahlen.

Ein interessanter, neuerer Ansatz für private Vermittlung findet sich dort, wo Firmen oder auch Behörden die Initiative übernehmen und sich um die Organisation einer Tagesmutter für die Kinder ihrer Mitarbeiterinnen kümmern. Dieses Modell macht Schule, und alle sind gut bedient: Die Firma kann damit unter Umständen ihre Mitarbeiterinnen «früher» in den Job zurücklocken, die Mütter wissen ihre Kinder gut betreut, und die Tagesmütter kommen eventuell sogar in den Genuß einer «Festanstellung» (und sei es nur ein Zeitvertrag) mit der entsprechenden sozialen Absicherung.

Tagesmutterbörsen

Dieses staatliche Modell soll etwas eingehender geschildert werden, da es zur Nachahmung einlädt. Im vierten Stock eines Hauses in Hamburg-Altona befindet sich eine solche Tagesmutterbörse, und wer sich vom Schock des engen, verschmierten Hauseingangs erholt hat, trifft oben auf eine Tür mit der bemerkenswerten Aufschrift: «Kommen Sie doch einfach herein.» Das soll eine Behörde sein? Es ist eine.

Die rechte wie die linke Wand des hellen, freundlichen Raums sind übersät mit Aushängen, gelbe Blätter für suchende Tagesmütter auf der einen Seite, blaue für suchende Eltern gegenüber, geordnet nach Stadtteilen. Schließlich ist Altona so groß wie Erfurt oder Lübeck.

Diese Art der städtischen Vermittlung ist in mehrfacher Hinsicht revolutionär und hat durchaus Vorbildcharakter. Die Stadt hält den Marktplatz bereit, bietet lediglich sachkundige Hilfe an, damit sich die Parteien finden und auf einer guten Grundlage einen privaten Vertrag abschließen können. Dieser Dienst wird deshalb so gern in Anspruch genommen, weil der Markt längst unüberschaubar geworden ist. Allein in Altona, einem von sieben Hamburger Bezirken, gibt es etwa 400 bis 500 aktive Tagesmütter, von deren Existenz man in der Börse weiß. Sie betreuen 800 Kinder in Tagespflege, die Zuschüsse von der Stadt bekommen. Wie viele Kinder insgesamt in Altona betreut werden, weiß kein Mensch. Denn niemand ist gezwungen, sich irgendwo zu melden, es sei denn, er beantragt Zuschüsse.

Dreimal in der Woche ist die Börse für jeweils drei Stunden geöffnet. Dann zieht der Duft frisch aufgebrühten Kaffees durch den Raum, in dem sich zwischen 15 und 20 Menschen einfinden. Hier gibt es keine Warteschlangen auf dem langen Flur. Es wird, obwohl es sich um eine Behörde handelt, nicht von Amts wegen vermittelt oder gar kontrolliert. Aber geholfen, wofür zwei kundige Sozialpädagoginnen zur Verfügung stehen. Wer zum ersten Mal kommt, bekommt eine Lose-Blatt-Sammlung in die Hand gedrückt, Vordrucke und Informationen. Für angehende Tagesmütter unter anderem: Schritte zur Tagespflege, Grundinformationen, ein Tageskind finden, Gesprächs-Check-Liste für Kontaktaufnahme mit den Eltern, Vordruck Tagespflegevertrag, Merkblatt Tagespflegegeld usw. Die Informationen für die abgebenden Eltern sind teilweise identisch, teilweise spiegelverkehrt. Mit diesen Packen können die Erstbesucher nun nach Hause gehen. Oder alles gleich vor Ort studieren. Oder sich lediglich den für sie wichtigen Teil angucken.

Und es wird viel gesprochen: mit angehenden Tagesmüttern (und -vätern) darüber, was auf sie zukommt, mit einigen Tagesmüttern darüber, warum es bei ihnen immer wieder zu Abbrüchen kommt, mit abgebenden Eltern darüber, daß sie zum Teil überzogene Vorstellungen haben und von daher mit keiner Tagesmutter zufrieden sein können.

Das Angebot auf den aushängenden Zetteln ist im ersten Augenblick überwältigend. «Suchen Sie sich das für Sie Passende raus», empfehlen Sabine Isufi und ihre Kolleginnen dann, «nehmen Sie nicht nur die erstbeste Adresse, nehmen Sie vier oder fünf.» Und damit nicht alles abgeschrieben werden muß, können die Eltern gleich einen Computer-Ausdruck mitnehmen. Die Zahl der suchenden Tagesmütter übertrifft, soweit man dies an den Pinnwänden ablesen kann, die der abgebenden Eltern um ein Vielfaches, im Verhältnis eins zu zwei. «Das ist durchaus gewünscht», so Barbara Lenk, eine der Sozialpädagoginnen, die das Modell mit entwickelt hat. «Es kann gut sein, daß dabei auch Tagesmütter, die ein Tageskind wollen, leer ausgehen. Die müssen dann eben ihre Qualifikation erhöhen oder ihr Angebot anderweitig verbessern.»

Qualifikation: Das ist das Stichwort, das landauf, landab die internen Diskussionen durchzieht. Auch für das Börsen-Modell in Altona stellte sich die Frage, welche Rolle «Qualifikation» bei der Vermittlung spielen solle. Auf eine staatliche Prüfung wurde verzichtet, da sie vom Gesetzgeber nicht mehr vorgeschrieben ist. Einerseits könnten die registrierten Tagesmütter rein administrativ und verwaltungstechnisch gar nicht mehr erfaßt werden, der freie Markt hat sich enorm vergrößert, und andererseits gilt, so Meike Mundkowski: «Die Erziehungskompetenz können wir ohnehin nicht überprüfen.»

Zudem hatte sich bei den Untersuchungen, die der Einführung des Börsenmodells vorausgingen, herausgestellt, daß, so Barbara Lenk, die «Zufriedenheit zwischen Tagesmüttern und abgebenden Eltern dort am größten war, wo das Amt gerade nicht vermittelt hat». Ein Befund, der «insbesondere die Sozialarbeiter tüchtig geschockt» habe. Wer Eltern und Tagesmütter immer noch an die Hand nehmen wolle, gehe von einem «defizitären Bild» aus, nämlich davon, daß die das ohne staatliche Hilfe nicht schaffen.

Ein Qualifikationsnachweis, welcher Art auch immer, ist also nicht nötig, wenn sich Tagesmütter über die Börse anbieten wollen. Dennoch hat die Qualifikation in Hamburg-Altona einen hohen Stellenwert. Um sie zu heben, bietet die Tagespflegebörse unter der Federführung des «Hamburger Verbands der Tagesmütter und Tagesväter e. V.» entsprechende Kurse an, die, so Sabine Isufi, «sehr gut angenommen werden». Da geht es um die kindliche Entwicklung, Aggression und Auffälligkeiten, erzieherische Tricks und Kniffe, aber auch organisatorische und rechtliche Fragen des Tagesmutter-Daseins. Den «Qualifizierungsschein» bekommt nur, wer mehrere Kurse verschiedener Themenblöcke belegt hat – womit natürlich, da sind sich die Beteiligten einig, noch nichts darüber gesagt ist, wie «gut» eine Tagesmutter in der Praxis ist. Denn, so gibt Barbara Lenk zu bedenken, das hänge «doch zu einem Gutteil auch von den subjektiven Kriterien der Eltern ab, ob man die eine gut findet und die andere nicht». Die Tendenz ist allerdings eindeutig: «Tagesmütter, die eine Qualifikation zu bieten haben, haben größere Chancen auf dem Markt», weiß Sabine Isufi.

Die Tagespflegebörse und das offene Qualifizierungsangebot gibt es seit Herbst 1995. Die Börsianerinnen sind mit dem bislang Erreichten sehr zufrieden. Sabine Isufi: «Die Tagesmütter sagen uns, ihr habt euch hier sehr verbessert.» Sie kommen auch einfach mal so, ohne ein bestimmtes Anliegen oder um sich «bloß mal ihr Herz auszuschütten». So wirkt man der Vereinzelung entgegen. Auch in den Qualifikationskursen, die übrigens nicht klassenweise durchgeführt werden, sondern nach dem Baukastenprinzip individuell besucht werden können, lernen sich Tagesmütter untereinander kennen. Das führt manchmal sogar dazu, daß sie sich zu zweit oder zu dritt zusammentun und sich außerhalb ihrer eigenen vier Wände Räumlichkeiten für die Tagespflege suchen – ein Trend, den man in Altona wie auch in anderen Ballungszentren vor allem unter denen, die das «Geschäft schon lange betreiben», beobachten kann. Und so kann aus einem «Übergangsjob» schließlich – z. B. durch die Gründung eines «Kinderladens» – ein ganz neuer Wirkungskreis entstehen.

Die Tagesmütter

Wer wird Tagesmutter, und was daraus werden kann

Es gibt viele gute Gründe, Tagesmutter zu werden. Frau betreut zu Hause ohnehin gerade ein eigenes Kind, da könnten noch andere dazukommen. Sie hat festgestellt, daß in ihr ein bislang verstecktes Erzieher-Genie schlummert, hat Spaß an der Arbeit mit Kindern und weint ihrem alten Job keine Träne nach. Sie möchte gern ihre eigene Herrin sein, niemand soll ihr reinreden. Sie kann, wenn sie die Tagespflege zu Hause betreibt, Berufstätigkeit und Familienpflichten gut unter einen Hut bringen. Und sie kann damit Geld verdienen. Ein Punkt, auf den wir später gesondert eingehen wollen.

Und dann gibt es – nebenbei bemerkt – natürlich auch «Tagesväter», wenige zwar, die aber aus guten Gründen sehr gefragt sind, so Barbara Lenk von der Tagespflegebörse Altona:

Es gibt ja nicht viele Männer, die sich so in der Kinderbetreuung engagieren wie die meisten Frauen. Entscheidet sich also ein Mann für ein Dasein als «Tagesvater», dann hat er dies in aller Regel reiflich überlegt und bringt dann meist auch besondere Fähigkeiten mit, die gewünscht sind. Im übrigen schätzen es vor allem alleinerziehende Mütter, wenn es mit einem Tagesmann ein männliches Element in der Erziehung gibt.

Bei den Tageseltern gibt es fast nichts, was es nicht gibt. Das Spektrum reicht «von der einfachen Frau bis zur Studierten», von der ganz jungen bis zur 60jährigen, die sich für ein ruhiges Rentnerdasein noch viel zu fit fühlt. Da ist die Hausfrau, die frühere Kauffrau, die ehemalige Apothekerin, aber es gibt auch Menschen mit sozialpflegerischer Berufsqualifikation, Erzieherinnen etwa, denen es im Kindergarten zu wuselig war, oder die dort ihre Vorstellungen vom richtigen Umgang mit Kindern nicht verwirklichen konnten.

Unter 318 im Jahre 1992 in Hamburg befragten Tagesmüttern kamen 18 Prozent aus dem Bürobereich, 13 Prozent aus dem Verkauf, mehr als 20 Prozent aus den Bereichen Sozialpädagogik und Krankenpflege und sieben Prozent aus dem Dienstleistungsgewerbe. «Keine Berufsausbildung» hatten nur 18 Prozent.

Aus den unterschiedlichen Vorerfahrungen kann nicht unbedingt abgeleitet werden, wer nun eine «besonders gute» Tagesmutter ist. Was ist überhaupt eine «gute» Tagesmutter? Im Grunde, das muß eingeschränkt vorweg gesagt werden, weiß man «wissenschaftlich» über den gesamten Sektor «Tagespflege» sehr wenig. Aber kleine Hinweise lassen sich durchaus finden. Eine «gute» Tagesmutter könnte z. B. eine sein, die ihre Tageskinder über viele Jahre betreut, bei der es also kaum «Abbrüche» gab.

Denn: Nicht wenige Tagesmütter geben ihre Arbeit nach kurzer oder längerer Zeit wieder auf. Dafür gibt es verschiedene Gründe: Entweder ist die Belastung durch diesen Job zu groß, der 3jährige Erziehungsurlaub ist vorbei und/oder die eigenen Kinder wechseln in den Kindergarten und brauchen keine ganztägige häusliche Betreuung mehr.

Diejenigen jedoch, die über viele Jahre dabeibleiben, sind bald stadt- oder stadtteilbekannt und machen nicht selten «Karriere», Tagesmutterkarriere, von der Windelwechslerin zur Fast-Geschäftsfrau. Wie Rosalie, 42 Jahre alt, die in Hamburg-Ottensen lebt, einem einstigen Arbeiterstadtteil, in dem sich heute gern Studenten und Lehrerinnen, Alternative und Filmemacher sowie kunstbeflissene Singles aufhalten. Gelernt hat sie Apothekenhelferin. 1975, als ihr Sohn ein Jahr alt war, las sie von einem «Modell Tagesmutter» in der Zeitung:

Damals fand ich eine Anzeige, mit der eine Tagesmutter gesucht wurde. Die sollte allerdings ins Haus kommen. Mir war das recht. Ich wohnte damals mit meinem Sohn ziemlich isoliert in einem Vorort und hatte nichts dagegen, täglich nach Ottensen zu fahren. Erst betreute ich nur die kleine Tochter des Lehrerehepaars in deren großer Altbauwohnung, dann kamen nach und nach weitere Kinder von deren Arbeitskollegen hinzu. Ich arbeitete von halb acht bis

14, 15 Uhr und bekam 350 Mark. Mit meinem ersten Tageskind machte ich sogar eine Woche Ferien in Dänemark, während die politisch aktiven Eltern nach Moskau fuhren.

Daraus wurde der «Beruf Tagesmutter». Bis heute hat sie an die 50 Kinder aus dem Stadtteil betreut: «Wenn ich hier durch die Straßen gehe, grüßen mich unheimlich viele Leute.» Sie zog selbst bald nach Ottensen und hat die Kinder dann zu sich in ihre große Altbauwohnung genommen, darunter viele Lehrerkinder – mit dem Vorteil, «daß ich immer viel Ferien hatte». Ihren eigenen Sohn gab sie übrigens weg, sobald dies möglich war.

Das war für meinen Sohn wirklich gut, ideal. Sowie er in den Kindergarten kommen konnte, habe ich ihn dorthin geschickt. Vorher hatten wir immer große Konkurrenzen zu Hause, das war eine schwere Zeit, die ersten zwei Jahre, weil ich immer sehr aufpassen mußte, daß ich ihn nicht bevorzugte. Vielleicht war ich, gerade aus dieser Angst heraus, ihm gegenüber auch manchmal ungerecht, habe ihn unbewußt schlechter behandelt.

Wenn die Kinder abgegeben wurden, hatten sie meistens schon zu Hause gefrühstückt. Ihr war es dann wichtig rauszugehen. Wenn das nicht ging, spielte man eben «oben» und bezog die gesamte Wohnung mit ein. Um halb zwölf gab es Essen, «das fand ich schon manchmal stressig, bei fünf Kindern ein gutes Mittagessen auf den Tisch zu bringen». Zu dieser Zeit schaffte sie sich dann doch eine Geschirrspülmaschine an. Nach dem Essen wurde, wenn möglich, geschlafen. Dazu hatte sie in allen Zimmern Reisebetten stehen.

Rosalie konnte sich über mangelnde Nachfrage nicht beklagen. Wen sie nicht selber unterbringen konnte, vermittelte sie weiter. Sie bemühte sich, ihre Kindergruppen nach gruppendynamischen Gesichtspunkten zusammenzustellen, wobei sie stets darauf achtete, unter den Fünfen nie mehr Jungen zu haben als Mädchen, und daß die Jungen altersmäßig näher beieinander sein sollten. «Jungen sind lauter, brauchen mehr Raum und Platz.»

Irgendwann reichte ihr das einsame Tagesmutter-Dasein aber nicht mehr:

Ich habe mich dann mit einer anderen Tagesmutter zusammengetan. Wir haben zusammen neue Räume angemietet, einfach, um aus der Wohnung rauszukommen. Als mein Sohn älter war, war er immer ziemlich genervt, wenn er aus der Schule kam, und hier sprangen die kleinen Kinder rum. Das war einer der Gründe, sich nach etwas Neuem umzusehen. Und dann dieses ewige Alleinarbeiten, ohne sich mal auszutauschen über die Kinder oder die Eltern, das war nachher sehr schwer.

Doch die Großpflegestelle war nur ein Zwischenschritt. Mittlerweile ist aus der Tagesmutter, die einst ihren Apothekenhelferinnen-Job aufgab, weil sie dort «die unterste war», ohne je einen Qualifikationskursus gemacht zu haben, die Mitbegründerin eines großen Kinderladens geworden.

Ich hatte das große Glück, daß die Behörde meine langjährige Tagesmutter-Tätigkeit anerkannt und mich als Erzieherin eingestuft hat. Die Eltern haben dann vorgeschlagen, daß wir zusammen mit den Kindern einen Kinderladen aufmachen sollten, eben das «Panini». Für mich war das die Chance, sozusagen den Sprung in ein richtiges Berufsleben zu wagen. In einem richtigen Kindergarten zu arbeiten, mit Kollegen, das ist schon etwas anderes.

Hier ist aber keine neue, private Krippe «alten Stils» entstanden. Im Gegenteil, das pädagogische Konzept orientiert sich an Reformvorstellungen, die auch woanders immer mehr Anhänger finden. Das «Panini» besteht nämlich aus einer «altersübergreifenden Gruppe» mit 16 Kindern zwischen einem und sechs Jahren.

Aus all diesen Mosaiksteinchen – und noch einigen mehr – besteht also der Beruf Tagesmutter, der offiziell keiner ist.

Lust und Frust: Alltägliche Herausforderungen

Wer Tagesmutter werden möchte, muß sich redlich prüfen, denn die Anforderungen sind hoch. Es soll hier nicht mit dem Kinder- und Jugendhilfegesetz (KJHG) gewedelt werden, das immerhin in § 22 vorschreibt, die Kinder seien nicht nur zu betreuen, sondern auch «zu bilden und zu erziehen». Das Angebot solle sich, so heißt es dort, «pädagogisch (...) an den Bedürfnissen der Kinder und ihrer Familien orientieren». Das verlangt von Tagespflegepersonen zumindest gute Menschenkenntnis und Allgemeinbildung, von pädagogischer Qualifikation nicht zu reden. Man muß mit den Kindern lesen und auch richtig sprechen. Und zwar nicht nur Befehlsbrocken wie «Nein, geh weg», «Das sollst du nicht machen», «Komm her».

Wer Kinder betreuen will, legt sich fest! Die Kleinen sind schließlich keine Autos, die man mal hier, mal dort abstellen kann. Stabile, belastbare und vor allem kontinuierliche Bindungen gehören zum Wichtigsten, was ein Kind braucht. Lange Zeit dachte man, nur die Mutter könne diese Aufgabe erfüllen. Wie wir gesehen haben, kommen dafür aber auch andere Personen in Frage, vorausgesetzt, es handelt sich im Wortsinne um wirklich Bindendes. Abgebende Eltern und das Kind setzen diesbezüglich großes Vertrauen in die Tageseltern, das nicht leichtfertig enttäuscht werden darf.

Tageseltern müssen belastbar und verläßlich sein. Wer viel kränkelt, tut sich und den Kindern keinen guten Dienst, wenn er des öfteren «absagen» muß und damit die abgebende Familie in Aufbewahrungs-Streß stürzt. Eine Tagesmutter muß über Organisationstalent verfügen, sechs Hände und möglichst auch noch vier Augen haben. Gleichzeitig trösten können, windeln, ein Elterngespräch führen, die draußen

Spielenden im Auge behalten und das Mittagessen vorbereiten, das möglichst nicht aus der Dose kommen sollte.

Sie muß die Unterstützung ihrer eigenen Familie haben. Sowohl der Partner als auch die eigenen Kinder müssen mit der Entscheidung einverstanden sein, um den gewandelten Alltag mit all seinen Problemchen und Problemen zu bewältigen. Die Interessen der eigenen Kinder müssen fair gegen die der Tageskinder abgewogen werden – keine Seite darf zu kurz kommen. Susanne Lappöhn, Tagesmutter und 1. Vorsitzende des Hamburger Vereins Tagesmütter und -väter, weiß aus Erfahrung, daß das manchmal gar nicht so einfach ist:

Irgendwann habe ich mich dabei ertappt, daß meine Kinder auf den Spaziergängen immer direkt an der Straße gingen. Die konnten das vielleicht am schlechtesten, aber da stellt man dann seine eigenen Kinder plötzlich hintenan. Oder beim Mittagessen: Da haben eine Zeitlang immer die Tageskinder zuerst nehmen dürfen, bis meine dann gemosert haben – zu Recht. Die Tageskinder genießen so eine Art Gaststatus, aber das darf nicht sein. Also haben wir uns einen Plan gemacht, jeder kommt reihum damit dran, sich als erster nehmen zu dürfen. Man muß aufpassen, daß die eigenen Kinder nicht zu kurz kommen.

Ist die Wohnung klein und eng und der Mann Schichtarbeiter, der vormittags seinen Schlaf braucht, sind Konflikte anderer Art vorprogrammiert.

Tagesmütter müssen bereit sein, sich für die Tageskinder zu «öffnen», also nicht nur alle Türen der Wohnung, sondern auch ihr Privatleben und ihre Familie quasi «öffentlich einsehbar» zu machen. Was das bedeuten kann, skizziert die Berliner Sozialarbeiterin Andrea, die zwölf Jahre lang für die Vermittlung und Betreuung von Tagesmüttern zuständig war:

Tagesmütter müssen schon die Offenheit haben, sich und ihr Privatleben öffentlich zu machen, sogar ihr Schlafzimmer, wenn die Kinder da mittags schlafen. Man muß sich darauf einstellen, daß das Tageskind und die abgebenden Eltern einen eben auch mal direkt nach dem Aufstehen sehen, mit verquollenen Augen, den Vater noch im Schlafanzug, wenn die Kinder schon morgens um sechs Uhr gebracht werden. Man steht sozusagen permanent unter Beobachtung – zumindest von seiten der Tageskinder.

Die Wohnung sollte einigermaßen kindgerecht eingerichtet sein. Wer sehr pingelig ist, sollte den Schritt, Tagesmutter zu werden, eventuell noch einmal überdenken. Andrea erzählt:

Ich war mal bei einer Frau, die mir als gute Tagesmutter empfohlen worden war. Sie hatte ein Spielzimmer, relativ kahl, ohne Möbel, aber mit einem Kindertisch und ausgelegt mit Teppichboden, da spielten die Kinder. Daneben das Wohnzimmer, ganz aufgeräumt, überall so Nippessachen auf Kinderhöhe, Glas, Porzellan und andere gefährdete Gegenstände. Da durften die Kinder nicht rein. Die kleinen Kinder krabbelten im Vierfüßlerstand genau bis zur Schwelle ihres Kinderzimmers und gingen keinen Zentimeter weiter, auch nicht in den Flur. Wie kleine dressierte Hündchen. Obwohl die doch in einem Alter sind, wo sie immer gerne mitkommen wollen. Ich fragte die Tagesmutter: Was machen Sie eigentlich, wenn Sie kochen? Darauf sagte sie: Die bleiben da, die kommen nicht raus. Das habe ich ihnen beigebracht. In der Küche ist es ja auch viel zu gefährlich!

Ist das das richtige Umfeld, um die Welt kennenzulernen? Man darf das bezweifeln. Andrea weist darauf hin, daß eine zu saubere, pedantisch aufgeräumte Wohnung unter Umständen auf einen nicht sonderlich flexiblen Charakter schließen läßt, den Kinder eigentlich brauchen. Dennoch hatte es über diese Tagesmutter nie Klagen gegeben, und man sollte sich davor hüten, einzelne Aspekte überzubewerten. Die Frau war sicherlich liebevoll, freundlich und gewinnend. Und doch blieb ein Rest von Unbehagen.

Natürlich gibt es Räume in der Wohnung, die für die Tageskinder tabu sein können – zum Beispiel die Zimmer der eigenen Kinder. Aber die Alternative kann nicht sein, die Kinder in einem Raum zu kasernieren. Zu den ersten und wichtigsten Erlebnisbereichen eines kleinen Kindes gehört gerade die Küche, in der jemand Alltägliches verrichtet, kocht, abwäscht, aufräumt.

Eine Tagesmutter muß mit Kindern und, was ihr oft noch schwerer fallen wird, mit Eltern verschiedenster Art und unterschiedlichsten

Temperaments zurechtkommen. Da sind die, die ewig nörgeln. Die, die ständig die Abholzeiten überziehen. Die, die wirklich freundlich und nett sind. Ihre Rolle ist nirgends festgelegt, was gleichzeitig Freiräume öffnet und Risiken birgt. Einige Eltern sehen in ihr nur eine Dienstleisterin, andere wollen die mütterliche Perle, dritte eine Art moderner Sklavin, andere eine Gleichgesinnte, wieder andere insgeheim die Züchtigende für den aus dem Ruder gelaufenen Sohnemann. Oder sie wird im Fall von Beziehungs- und Arbeitsstreß als Kummerkastentante mißbraucht. Da es sich jeweils um private, sehr persönliche Beziehungen handelt und von einem allgemein anerkannten Berufsbild nicht im Ansatz die Rede sein kann, fehlen öffentliche Standards gänzlich. Fast alles spielt sich hinter verschlossenen Türen ab, deshalb sind Vergleiche kaum möglich, eine begleitende Kontrolle, etwa durch Arbeitskollegen, findet nicht statt. Und dies in einem Beziehungsfeld, in dem ein emotional hoch besetztes Subjekt im Mittelpunkt steht: ein Kind, das Kostbarste, was wir haben.

Entsprechend groß ist auch die Verantwortung, die die Tagesmütter übernehmen. Anne Lohmann, ausgebildete Erzieherin, die seit über zehn Jahren als Tagesmutter arbeitet:

> Es ist noch nie etwas passiert, kein Loch im Kopf, keiner die Kellertreppe heruntergefallen. Aber stellen Sie sich mal vor, es würde mal einer, reißt sich los und rennt über die Straße und ein Auto kommt ... Und dann? Dann wird man ja seines Lebens nicht mehr froh. Deswegen stelle ich mich auch manchmal an. Ich sage den Eltern, wenn ich schon einen Kinderwagen schiebe, dann kann ich nicht auch noch auf zwei radfahrende Kinder aufpassen. Da bitte ich die Mütter um Verständnis, die Verantwortung übernehme ich nicht. Da müssen die eben nachmittags selbst mit ihren Kindern Radfahren üben.

Statt dessen dürfen «ihre» Tageskinder immer bis zum nächsten Laternenpfahl rennen. Und wenn sie das gut können, auch zum übernächsten, und «wenn es klappt, kann man die Zügel lockerlassen». Dennoch hat Anne Lohmann über eine private Haftpflicht die Kinder mitversichert. An all dies muß eine Tagesmutter, die ihren Job ernst nimmt, denken. Sie muß auch – schon aus Gründen des Selbstschutzes – in der Lage sein, «nein» zu sagen.

Karola ist seit einigen Jahren Tagesmutter in Hamburg. Sie ist gelernte pharmazeutisch-technische Assistentin, hatte aber immer schon soviel Spaß an Kindern, daß ihre Mutter einmal den «dummen Schnack» machte: «Entweder du machst das beruflich, oder du mußt zur Therapie.» Karola, die gerne Erzieherin geworden wäre, arbeitet nun schon seit einigen Jahren als Tagesmutter. Und dazu gehörte für sie auch zu lernen, nein zu sagen, was nicht so einfach ist.

Manchmal haben Eltern die Erwartungshaltung, daß ihre Kinder mit allem Spielzeug spielen dürfen, das sie in der Wohnung finden. Aber manches gehört meinem Sohn, der es dann vielleicht nicht rechtzeitig weggeräumt hat. Dann sage ich den Kindern, damit darfst du nicht spielen, das gehört Florian. Und ich versuche, den Eltern klarzumachen: Das hier ist kein Kindergarten. Hier gibt es Spielzeug, das ist für alle da, für meine Kinder und die Tageskinder. Aber das andere ist eben Privatbesitz. Das wollen manche nicht akzeptieren.

Tagesmütter müssen also in der Lage sein, Konflikte durchzustehen. Ein wahrer Dauerbrenner in dieser Hinsicht ist die Einhaltung der Bringe- und Abholzeiten:

Es gab eine, die kam immer später. Eigentlich war drei Uhr als letztmögliche Zeit ausgemacht. Irgendwann rief sie mal von der Gartenpforte: Ach, übrigens, heute komme ich erst um halb fünf. Da habe ich das Verhältnis dann beendet.

Aber auch bei schwierigen Kindern muß sie einen klaren Kopf bewahren, wissen, was sie sich zumuten kann und will und was nicht. Streit und Scheidung, hyperaktive Störungen, Allergien, aggressive oder «Kuschel»-Phasen, auch Kinder haben heutzutage ihr Päckchen zu tragen, am besten mit Hilfe aller Bezugspersonen, also auch der Tagesmutter. Da nimmt sich das folgende Beispiel noch vergleichsweise harmlos aus:

Ich hatte ein Tageskind, da war der Opa bei der Bundeswehr, und der hatte einen Schießstand. Und dieses Kind schoß bei mir ständig mit allem, was ihm in die Quere kam. Das hat sich dann auf die anderen Kinder übertragen. Es war für mich schwer, damit umzugehen. Ich konnte ja schlecht sagen: Sag mal, was für einen Opa hast du eigentlich. Ich habe die Sache dann angesprochen, und der Junge wurde rausgenommen. Übrigens habe ich die Erfahrung gemacht, daß sich mögliche Konflikte immer sehr schnell herauskristallisieren.

Tagesmütter müssen nicht nur wissen, was sie sich zumuten wollen – sie brauchen auch eine gehörige Portion Frustrationstoleranz. Aus der Tatsache nämlich, daß viele von ihnen keine vorzeigbare Ausbildung haben, unterstellen einige Eltern ihnen nicht selten generelle Unfähigkeit.

Ich hatte einen Jungen, den hatte die Mutter bereits aus dem Kindergarten herausgenommen, der hat sich bei mir überhaupt nicht wohl gefühlt. Ich weiß auch nicht, warum. Das habe ich dann der Mutter gesagt. Sie, eine Erzieherin, antwortete mir dann, das Problem sei nicht ihr Sohn, sondern meine pädagogische Unfähigkeit. Ich würde mich immer falsch verhalten und nichts dazulernen wollen.

Mehr noch. Nicht nur, daß man sich bisweilen beschimpfen lassen muß. Manches elterliche Verhalten ist gar existenzbedrohend. Tagesmütter müssen dann dafür büßen, daß Eltern ihren Alltag nicht geregelt bekommen. Noch mal Karola:

Manchmal gibt es Geldprobleme, wenn die Eltern ihren Anspruch nicht rechtzeitig beim Amt geltend machen und ich ein halbes Jahr warten muß. Ich bekomme es zwar irgendwann – aber ich brauche es schließlich auch. Und es kommt immer wieder zu Diskussionen über die Bezahlung im Urlaub. Eigentlich ist das klar geregelt, natürlich muß die Urlaubszeit bezahlt werden. Aber dann wollten die Leute mit mir feilschen, sagen, sie fahren schließlich vier Wochen in Urlaub, in denen sie das Kind nicht bringen, und die Zeit wollen sie dann nicht bezahlen.

Mit all diesem muß eine Tagesmutter rechnen, all das muß sie bewältigen können. Es klingt gerade so, als ob eine «Superwoman» gesucht würde. Wer soll das alles leisten? Das Beruhigende ist jedoch, daß, gemessen an dem, was alles schiefgehen kann, erstaunlich viel gut funktioniert. Und dies, obwohl bei all dem die Gesellschaft nur begrenzt hilft. Nach neuer Rechtslage haben Tagesmütter (wie übrigens auch leibliche Eltern) zwar nach § 23,2 des KJHG einen ausdrücklichen «Anspruch auf Beratung in allen Fragen der Tagespflege». Aber: Wer kennt dieses Recht überhaupt?

Der «Beruf» Tagesmutter kann sehr einsam sein. Man hat keine unmittelbaren Kollegen, die helfen oder – im positiven Sinne – die Arbeit kontrollieren. Es ist Sache jeder einzelnen, ein Netz gegenseitiger Informationen und Unterstützung zu knüpfen. Der erste Bezugspunkt ist sicher der Verband der Tagesmütter und -väter, der über ganz Deutschland verstreut seine Ableger hat. Immer häufiger, vor allem in den Ballungsgebieten, tun sich einzelne Tagesmütter zusammen und richten gemeinsam sogenannte «Großpflegestellen» ein, kleine Kindergärten manchmal schon, in denen nun alle Kinder zusammen spielen. Das ist keine schlechte Idee. Man kann sich eher absprechen, unterstützen und auch mal vertreten. Diese Form ist allerdings in der Praxis häufig daran gebunden, daß die Tagesmütter preisgünstige Räume finden. Daran ist schon manches Unternehmen gescheitert. Denn auch diese Tagesmütter dürfen von «ihren Eltern», sofern öffentliche Zuschüsse gewährt wurden, keine höheren Sätze verlangen. Anders liegt der Fall allerdings, wenn alles frei verhandelt wurde und die Eltern freiwillig mehr zahlen, um entsprechende Räumlichkeiten anmieten zu können.

Die Erfahrung lehrt, daß in einigen Fällen die Beweggründe, als Tagesmutter arbeiten zu wollen, auf Dauer nicht tragfähig sind. So fragt Meike Mundkowski, Sozialarbeiterin an der Tagespflegebörse Altona, stets genau nach, wenn es um die Motivation geht.

Meine Erfahrung ist die, daß eben Schwierigkeiten dort oft vorkommen, wo eine Frau aus Freundschaft zur Tagesmutter wird. Die kommen dann zu uns und sagen: Ich möchte Tagesmutter werden und, beispielsweise, den Fritz, den Sohn meiner Freundin oder Nachbarin, in Tagespflege nehmen. Ich habe es gerade in letzter Zeit häufiger erlebt, daß diese Tagesmütter sich das gar nicht klargemacht haben, was diese Arbeit bedeutet. Dann kommt es ganz schnell zum Streit über Bringe- und Abholzeiten, und aus der dicksten Freundschaft wird bittere Feindschaft.

Auf eine andere «gefährdete» Gruppe weist eine Untersuchung hin, die in Berlin gemacht wurde. Das «Institut für angewandte Sozialforschung/Frühe Kindheit» (Infans) hat herausgefunden, daß sich eigene Kinder eher nachteilig auf die Dauer der Pflegeverhältnisse auswirken, wenn der Altersabstand zwischen dem eigenen und dem Pflegekind geringer ist als zweieinhalb Jahre.

Wenn das Kind der Tagesmutter und das der abgebenden Eltern altersmäßig zu nahe beieinanderliegen, kann es also Probleme geben. Das ist vor allem deshalb interessant, weil viele Tagesmütter und abgebende Eltern gerade «ein Kind im gleichen Alter» zum Spielen suchen. Die Konkurrenz- und Eifersuchtsproblematik darf dabei jedoch nicht unterschätzt werden, bestätigt auch Karola, Tagesmutter in Hamburg:

Meine eigenen Kinder waren schon manchmal eifersüchtig und sagten: Jetzt kommen die schon wieder. Früher habe ich besonders drauf geguckt, Tageskinder im Alter meiner Kinder zu finden, als Spielgefährten. Da entstehen erzwungene Freundschaften, die zu 70 Prozent schiefgehen, weil die Kinder sich die Freunde nicht allein gesucht haben. Und ich hatte den Streß. Das mache ich jetzt nicht mehr.

Viele meinen, eine gute Tagesmutter kann nur sein, wer eigene Kinder hat. Das mag in aller Regel so zutreffen. Doch die Sozialarbeiterin Andrea kennt auch einen anderen Fall:

Ich habe auch immer gedacht, daß Tagesmütter eigene Kinder haben müßten. Aber dann habe ich einen Fall gehabt, eine Werbefachfrau, die hatte die Liebe ihres Lebens kennengelernt und mittlerweile Häuschen und Garten, aber keine eigenen Kinder. Wahrscheinlich, weil sie schon ein bißchen älter war. Als ich den Antrag bekam, habe ich gedacht: O je, das wird ein hartes Brot. Und das war dann eine sehr erfolgreiche Tagespflegestelle, die war so gut hinterher, daß sie zur Großpflegestelle wurde. Die hat sogar eine Ausbildung gemacht für eine heilpädagogische Tagespflegestelle. Nicht immer sind eigene Kinder ein Indiz für eine gute Tagespflege. Diese Frau war einfach intelligent.

Klar muß auch sein, daß Tagesmutterarbeit keine einfache Fortsetzung des «Bemutterns» eigener Kinder darstellt. Fremde Kinder zu betreuen, stellt ganz andere Anforderungen als der Umgang mit den eigenen. Neben aller wünschenswerten Nähe darf und muß ein gewisses Maß an Distanz zu den Tageskindern bleiben. Schon wieder ein Drahtseilakt. Zudem geht es neben den einzelnen kleinen Persönlichkeiten auch um die Kindergruppe, die sich durch Zu- und Abgänge ständig wandelt und deren Mitglieder aus den unterschiedlichsten Milieus kommen. Sowohl der Gruppe als auch den individuellen Anforderungen einzelner Kinder muß Rechnung getragen werden. Man muß sich mit den verschiedenen Erziehungsvorstellungen der Eltern auseinandersetzen und trotzdem «seinen» eigenen Stil finden bzw. behalten.

Ob man für diesen aufreibenden Job geeignet ist, läßt sich auch durch den Besuch von Einführungskursen überprüfen, die in manchen Städten und Gemeinden angeboten werden. In der Praxis kommt es nicht selten vor, daß Frauen, die sich unter der Tätigkeit etwas anderes vorgestellt haben, dann rechtzeitig von ihrem Vorhaben ablassen, was ihnen und den Kindern sicherlich manchen Frust erspart. Dazu die Infans-Studie aus Berlin: «Eine unmittelbare Folge dieser einführenden Veranstaltungen ist es, daß durchschnittlich etwa die Hälfte der Interessentinnen von einer Antragstellung absieht. Offenkundig nutzen die Bewerberinnen die Möglichkeit, sich vor der Aufnahme eines Pflegekindes ein realistisches Bild von der angestrebten Tätigkeit machen zu können.»

Die bisherigen Ausführungen haben eher einzelne Erfahrungen und Erlebnisse beschrieben. Deshalb wollen wir abschließend Ergebnisse aus der bisher umfassendsten Untersuchung zum Thema Tagesmütter vorstellen, die 1993 im Auftrag der Behörde für Schule, Jugend und Berufsbildung in Hamburg durchgeführt wurde. Günter Krauß und Sigrid Zauter vom «Institut für soziale und kulturelle Arbeit» (ISKA) in Nürnberg befragten von Oktober 1992 bis Juni 1993 in der Hansestadt 159 Tagespflegepersonen, 163 Eltern sowie etliche Ämter für soziale Dienste.

Was erfahren wir aus dieser Befragung über Tagesmütter? Ihre Arbeitszufriedenheit ist relativ hoch: 87,7 Prozent der Befragten waren mit den Tagespflegeverhältnissen «sehr» oder doch zumindest «im großen und ganzen zufrieden». Nur 8,4 Prozent waren «eher» oder «sehr unzufrieden». (Wobei die mitbefragten Eltern übrigens deutlich geringere «Zufriedenheits»-Werte zeigten.) Gefragt nach der Motivation, Tagesmutter zu werden, steht der Aspekt «gerne Kinder um sich haben» mit 96,2 Prozent an der Spitze, gefolgt von «etwas Sinnvolles tun» (84,4 Prozent) und «Spielkameraden für die eigenen Kinder» (60,4 Prozent). Jede dritte Tagesmutter gibt (auch) den finanziellen Aspekt als Grund für ihre Tätigkeit an. Damit stehen Tagesmütter deutlich weniger unter dem Druck, Geld verdienen zu müssen, als die Mütter der Pflegekinder (52 Prozent).

Befragt nach der Erfahrung mit dem jeweils letzten Tageskind, kreuzten 91,1 Prozent der Tagesmütter an: «Ich hatte das Kind sehr gerne.» 60 Prozent strichen heraus: «Das Kind hat unsere familiäre Atmosphäre bereichert.» Natürlich gab es auch negative Erfahrungen: «Das Kind war von seinen Eltern völlig verzogen» (13,5 Prozent) oder «Ich mußte die ganze Zeit praktisch ununterbrochen für das Kind da sein» (18,5 Prozent).

Bestätigt wird in der Untersuchung eine Erfahrung, die viele Tagesmütter machen: Sie kommen mit den Kindern gut klar, mit den Eltern dagegen nicht immer. Nur zwei Drittel der Befragten meinten, «mit den Eltern gab es keine Probleme» und «unsere Absprachen klappten immer sehr gut». Jede siebte Tagesmutter gab «Ärger über verschiedene Erziehungsmethoden (Ernährung, Süßigkeiten, Fernsehen etc.)» an.

Wenn es um allgemeine «Verbesserungsvorschläge» geht, ist die Liste lang. Es wurde offen, also ohne vorgegebene Antwortmöglichkeiten anzukreuzen, gefragt, und die Tendenzen waren eindeutig: 41 Prozent der befragten Tagesmütter wünschen sich eine «Professionalisierung der Tagespflegetätigkeit» (Versicherung, Berufsanerkennung, Rentenanrechnung), 38 Prozent eine «bessere Bezahlung» und 32 Prozent eine «bessere Betreuung durch das Amt», also etwa durch Fortbildungen, Informationen, Tips und passende Vermittlungen.

Insgesamt ergibt sich das Bild einer großen Berufszufriedenheit, was die eigentliche Aufgabe anbetrifft. Wenig Anhaltspunkte finden sich dafür, daß hier mit wenig Einsatz, auf Kosten der Kleinen, viel Geld verdient wird. Es überwiegt eher der Eindruck, daß die eigene Leistung nicht angemessen gewürdigt wird. Ein handschriftlicher Zusatz einer Tagesmutter macht dies deutlich:

> Tagesmütter unterliegen der Forderung, nicht krank werden zu dürfen, und verrichten ihren Dienst auch noch mit 40 Grad Fieber.

Und auf eines, so ist jedenfalls die Selbsteinschätzung der Befragten, lassen Tagesmütter nichts kommen: auf die Kinder. So gesehen, ist der «Beruf» Tagesmutter nicht nur anstrengend, sondern er gibt auch viel. Hat man – wie es sein sollte – ein gutes Verhältnis zu seinen Tageskindern, kann einem der Abschied schon sehr schwerfallen. Anne Lohmann, seit über zehn Jahren Tagesmutter, hat heute noch Kontakt zu ihrem ersten Tageskind:

> Der wohnt ja in direkter Nachbarschaft. Als er ging, damals, habe ich Rotz und Wasser geheult. Das geht mir bei fast allen Kindern so. Da entsteht schon eine enorme Bindung. Bis viereinhalb, das ist für mich so die schönste Zeit. Die Kinder lernen alles neu. Denen die Welt zu erschließen, das ist wahnsinnig schön.

Kurzum: Tagesmutter werden ist nicht schwer – Tagesmutter sein dagegen sehr. Hier einige Punkte, dic insbesondere angehenden Tagesmüttern helfen können, ihren Berufswunsch noch einmal zu hinterfragen:

- Sind Sie bereit, Ihre Privatsphäre auf Dauer mit anderen zu teilen, auch wenn es «nur» Kinder sind?
- Machen Sie sich auf mögliche, hohe nervliche Belastungen gefaßt.
- Sie übernehmen ein großes Maß an Verantwortung den Tageskindern und auch den abgebenden Eltern gegenüber. Wenn Sie Ihre Tätigkeit nach nur kurzer Zeit wieder aufgeben, ist das sowohl für die Kinder als auch für die Eltern höchst problematisch.
- Oft viele Kinder zu Besuch zu haben, ist etwas völlig anderes als die Verpflichtung, tagtäglich für Kinder sorgen zu müssen.
- Ihre private Flexibilität kann stark eingeschränkt werden, auch besteht die Gefahr der sozialen Isolation.
- Sowohl die Beziehungen zu den Tageskindern als auch zu den abge-

benden Eltern sind meistens zeitlich begrenzt, was auch häufiges Abschiednehmen und Trennungsschmerz bedeuten kann.

- Sind Sie darauf vorbereitet, von den abgebenden Eltern auch kritisiert zu werden? Wie werden Sie damit umgehen?
- Können Sie Grenzen ziehen? Können Sie überhöhten Anforderungen von seiten der abgebenden Eltern entgegentreten, wenn Sie zum Beispiel als eine Art «allgemeine Problem-Abladestation» angesehen werden oder Ihre zeitliche Flexibilität überstrapaziert wird?
- Finden Sie für sich ein Konzept, wonach weder die Tageskinder noch Ihre eigenen Kinder zu kurz kommen.

Geld und Verdienst

Das Ziel, möglichst viel Geld zu verdienen, wird sich mit dem Beruf Tagesmutter kaum verwirklichen lassen. Es gibt zwar, das sei hier nicht verschwiegen, Tagesmütter, die sehr gut verdienen! Frauen, die ohne Genehmigung mehr Kinder aufnehmen, als sie eigentlich betreuen können und dürfen. Die am Essen sparen, wo es nur geht. Die eine prekäre Marktlage ausnutzen und überhöhte Preise nehmen. Doch die Regel ist das nicht.

Alle anderen, und das dürfte die Mehrheit sein, bekommen wenig mehr als eine Aufwandsentschädigung und einen netten Nebenverdienst, der nur dann nicht als lächerlich gering empfunden wird, wenn einem das «Kinderhüten» wirklich Spaß macht – abgesehen von den frustrierenden Tagen, die es in jedem Beruf gibt.

Der Gesetzgeber hält die Tagesmutter ziemlich kurz. Er bestimmt in Paragraph 23,3 (KJHG), daß den Tagespflegepersonen «die entstehenden Aufwendungen einschließlich der Kosten der Erziehung ersetzt werden sollen». Mit den «entstehenden Aufwendungen» sind Ausgaben für die Verpflegung gemeint, auch anzuschaffendes Spielzeug sowie die Abnutzung der Räumlichkeiten. Die danach verbleibenden «Kosten der Erziehung», das zu versteuernde wirkliche Einkommen für die Arbeit mit den Kindern, machen den kläglichen Restposten aus. Die Jugendämter legen Modellaufstellungen zugrunde, wobei die Sätze differieren – je nach Bundesland, aber natürlich auch nach der Anzahl der geleisteten Stunden. Beispiel Hamburg:

Beleuchten wir einmal ein Beispiel: Das Tageskind bleibt wirklich 42 Stunden die Woche, also 168 Stunden im Monat, dann hätte die Tagesmutter einen zugestandenen «Verdienst» pro Stunde von zwei

	wöchentliche Betreuungszeit			
	15–24 Stunden	25–34 Stunden	35–42 Stunden	ab 43 Stunden
monatliches Pflegegeld für das Kind	170 DM	233 DM	260 DM	270 DM
Erziehungsgeld für Tagespflegeperson («Verdienst»)	188 DM	286 DM	336 DM	366 DM
insgesamt	*358 DM*	*519 DM*	*596 DM*	*636 DM*

Mark pro Kind. Betreut sie die «maximale» Anzahl von 5 Kindern an fünf Tagen in der Woche, kommt sie auf insgesamt 10 Mark pro Stunde, wobei diese Zahl noch geschönt ist, weil sie ja als vorausschauender Mensch etwas für ihre Altersvorsorge abzweigen sollte.

Versteuern müssen Tageseltern übrigens alle Beiträge, die von privater Seite kommen, wobei für jedes Kind im Monat eine Betriebskostenpauschale von DM 480,– abgezogen werden kann. Einkünfte, die vom Jugendamt stammen, sind normalerweise steuerfrei.

Da Tagesmütter in der Regel als «Selbständige» arbeiten, genießen sie keinerlei Arbeitnehmerschutz. Die meisten zahlen keine Rentenbeiträge und sind bei Arbeitslosigkeit sowie Krankheit nicht abgesichert. Natürlich könnten sie dies alles über private Versicherungen wettmachen. Doch dann bliebe gar kein Geld mehr übrig. Ein Unding. Die Folge ist unter anderem, daß eine Tagesmutter vielleicht über Jahre den Eltern eine Berufstätigkeit ermöglicht, damit indirekt für deren soziale Absicherung und Rentenansprüche sorgt – und selbst am Ende womöglich von der Sozialhilfe leben muß. Wie selbstverständlich wird sie in materieller Hinsicht als Anhängsel ihres Mannes betrachtet. Öffentliche Zuschüsse zu einer Renten- und Krankenversicherung wären das mindeste, was zu fordern ist.

Darüber hinaus gibt es für Tagesmütter (wie für alle Unternehmer) eine eiserne Regel: Rechne nie mit maximalen Einkünften, denn nicht immer sind alle Plätze belegt. So gesehen unterscheidet sich der Tagespflegemarkt nur wenig vom harten Börsenparkett. Ohne daß man recht weiß, warum, steigt und fällt die Nachfrage. Plötzlich hat das Jugendamt viele Kinder zu vergeben, dann wieder gar keine. Zudem sollte sich niemand davon abhängig machen, alle Kinder nehmen zu müssen. Es muß zu jeder Zeit möglich sein, eine Beziehung zu einem Kind oder den Eltern zu beenden, oder gar nicht erst zu beginnen, wenn es mit der «Chemie» nicht stimmt.

Die Tagesmütter können sich also mit ihrem Job in den meisten Fällen keine goldene Nase verdienen. Andererseits kann die monatliche Belastung für die Eltern – absolut gesehen – zu hoch sein. Jeder, der sich finanziell überfordert sieht, sollte sich beim zuständigen Jugendamt informieren, ob er nicht doch zuschußberechtigt ist. Experten gehen davon aus, daß bei etwa der Hälfte aller Tagespflegeverhältnisse das Jugendamt die Bezahlung anteilig oder ganz zu übernehmen hätte – wenn die entsprechenden Anträge gestellt würden.

Berechnungsgrundlage ist das Familien-Nettoeinkommen, von dem – je nach Bundesland – unterschiedliche Fixkosten abgezogen werden. In Hamburg fallen darunter Arbeitsmittel, Fahrgeld, Versicherungen, Berufsverbandsbeiträge. (In anderen Bundesländern kann auch die Mietbelastung geltend gemacht werden.)

Eltern, die nicht zuschußberechtigt sind und auch noch in einer Großstadt wohnen, in der (gute) Tagesmütter gerade Mangelware sind, müssen unter Umständen mit Beträgen von bis zu 1000 Mark im Monat für die Betreuung ihres Sprößlings rechnen. Ein Minimum von fünf Mark pro Stunde ist die Regel (siehe Tabelle S. 92).

Durch diese krassen Unterschiede gerät die gesamte Kinderbetreuung in eine ungute Schieflage. Bei staatlichen Einrichtungen profitieren schließlich alle Eltern von staatlichen Subventionen. So kostet ein öffentlicher Krippenplatz etwa 1300 Mark im Monat. Aber selbst Eltern, die zuviel verdienen, um öffentliche Zuschüsse zu erhalten, zahlen höchstens 700 Mark dafür.

Soviel einstweilen zum Geld. Wer also durch Tagespflege schnell reich werden will, sollte sein Vorhaben noch einmal durchkalkulieren.

Personen im Haushalt		wöchentliche Betreuungszeit in Stunden			
		15–24	25–34	35–42	ab 43
2	maximale Förderung* bei Einkommen bis	2700 DM	2300 DM	2000 DM	2000 DM
	keine Förderung ab	5300 DM	5500 DM	5300 DM	5400 DM
3	maximale Förderung bis	3000 DM	2700 DM	2500 DM	2500 DM
	Obergrenze	5400 DM	5600 DM	5400 DM	5500 DM
4	maximale Förderung bis	3500 DM	3400 DM	3300 DM	3300 DM
	Obergrenze	5600 DM	5800 DM	5600 DM	5800 DM
5	maximale Förderung bis	4000 DM	3800 DM	3700 DM	3700 DM
	Obergrenze	5900 DM	6000 DM	5900 DM	6000 DM
6	maximale Förderung bis	4200 DM	4200 DM	4100 DM	4100 DM
	Obergrenze	6100 DM	6300 DM	6100 DM	6200 DM

* Auch bei maximaler Förderung durch das Jugendamt bleibt ein Betrag von DM 60,–, der von den Eltern selbst an die Tagespflegeperson zu zahlen ist.

Qualifikation oder:
Wer ist kompetent?

Mittlerweile gibt es viele Fortbildungsangebote für Tagesmütter. Träger sind unter anderem die Tagesmütter-Vereine, die Volkshochschulen und die Jugendämter. Die Palette reicht von sechs vorbereitenden Informationsabenden für werdende Tageseltern bis hin zu sehr umfassenden Qualifizierungen von bis zu anderthalb oder zwei Jahren Dauer (bei einem Schulungsvormittag pro Woche). Die Fortbildung ist nicht Voraussetzung für die Tätigkeit als Tagesmutter, sondern wird begleitend angeboten.

Die Programmschwerpunkte kreisen etwa um die Themen:

- Vorbereitung / Organisation / gesetzliche Bestimmungen für die Tätigkeit als Tagesmutter,
- Rechte und Pflichten der Tagesmutter,
- Erziehungsfragen
  (u. a. Grenzen, Regeln, Konsequenz, Gruppendynamik),
- Entwicklungspsychologie
  (d. h., welche Phasen und Konflikte durchlaufen Kinder generell, woran erkennt man Störungen),
- Gesundheit und Ernährung
  (Allergien, ausgewogene Kost, Turnen, Motorik),
- Gespräche und Umgang mit Eltern
  (Abgrenzung, Umgang mit Kritik und Konflikten),
- Spiele und Förderung für Kinder.

Der Zeit- und Kostenaufwand für diese Art von Schulung mag einigen Müttern sehr hoch erscheinen. Viele brauchen aufgrund ihrer langjährigen Erfahrung möglicherweise auch keine weiteren Informationen mehr über Kindererziehung oder darüber, wie man mit den abgebenden Eltern umgeht.

Anderen aber wird mit einer problemorientierten Vorab-Information geholfen, sich ein genaueres Bild von der Tätigkeit zu machen. So existieren mittlerweile regelrechte Lehrfilme, die am Beispiel eines Tagesablaufs in einer Pflegestelle elementare Grundkenntnisse über das frühe Lernen der Kinder und die schwierige Phase der Eingewöhnung behandeln. Ein Berliner Forschungsbericht lobt ihre Wirkung:

> Die Ergebnisse des Projekts in Steglitz sprechen auch dafür, daß einer frühzeitigen Beratung von Bewerberinnen, d.h. vor Aufnahme eines Pflegekindes (was im Einzelfall auch ein Abraten bedeuten kann), unbedingt der Vorzug vor einer nur an formalen Kriterien orientierten Erteilung einer Pflegeerlaubnis zu geben ist.

Bei einer Fortbildung kristallisieren sich weitere Vorteile heraus: «Die Erfahrungen in einzelnen Mitgliedsvereinen haben ... gezeigt, daß die Tagesmütter, die sich für den ‹aufwendigeren› Weg der Qualifizierung entschlossen haben, durchweg zufrieden sind und mit einem anderen Selbstbewußtsein die Tätigkeit als Tagesmutter angehen.» So die Zeitschrift «tagesmütter» im April 1996. «Auch entwickeln sich im Umgang mit den Kindern und Eltern andere Sicherheiten.» Man hat über den eigenen «Tellerrand» seine Vorstellungen über Erziehung, Kinder und den Umgang mit abgebenden Müttern hinausgesehen und damit eventuell auch neue, «wirksamere» Methoden und Mittel kennengelernt. In diesem Sinne kann Fortbildung in hohem Maße auch zur Entlastung der Tagesmutter beitragen.

Die Tagesmütter haben dabei die Möglichkeit, sich über aktuelle Probleme mit anderen Teilnehmern auszutauschen und so aus Konflikten und der mit dieser Tätigkeit einhergehenden drohenden sozialen Isolation leichter herauszukommen.

Den abgebenden Eltern signalisiert eine Fortbildung hohes Engagement von seiten der Tagesmutter und vermittelt zudem die emotionale Sicherheit, das Kind in «fachgerechte» Hände zu geben. Darüber hinaus erhöht eine Qualifikation die Chancen einer Tagesmutter auf dem Markt, zumal in Zeiten wachsender Konkurrenz.

Tagesmütter, die sich qualifizieren, werden selbstbewußter. «Das gilt sogar für solche, die das schon lange machen und nun plötzlich ein richtig offizielles Zertifikat in den Händen halten», so Sabine Isufi von der Tagesmutterbörse in Hamburg. Die Tagesmütter treten dann den Eltern gegenüber oft bestimmter auf und leisten es sich schon mal, einen «schwierigen Fall» abzulehnen, weil sie sich dem Streß, den sie auf sich zukommen fühlen, nicht aussetzen wollen.

Natürlich gibt es auch viele ausgezeichnete Tagesmütter ohne amtliches Zertifikat, die seit Jahrzehnten in ihrem Beruf arbeiten. «Wenn ich da an eine von meinen Tagesmüttern denke», so Barbara Lenk, «die macht das schon 15 Jahre und sagt: ‹Ich bin ausgebildete Erzieherin, ich brauch die Kurse nicht, ich weiß das alles›, dann kann ich das gut verstehen.»

Dennoch: Je mehr qualifizierte Tagesmütter, desto größer die Chance, daß diese Tätigkeit gesellschaftlich stärker anerkannt wird, im allgemeinen Ansehen steigt und damit auch die politischen Forderungen des Tagesmutter-Verbands größeres Gewicht erhalten. «Erfahrungen aus dem benachbarten Ausland zeigen, daß einheitliche Qualifizierungsstandards zu einer positiven Veränderung der Situation der Tagesmütter geführt haben (gesellschaftliche Anerkennung, Anstellungsformen, bessere Bezahlung).»

Daß «die Mitgliederversammlung des tagesmütter Bundesverbands am 4. 3. 96 in Frankfurt beschlossen (hat), daß ab 1997 alle Mitgliedsvereine verpflichtet sind, ... die Grundqualifizierung umzusetzen», zeigt, wie wichtig es dem Tagesmutter-Verband mit der Qualifizierung von Tagesmüttern ist.

Doch auch eine formale Qualifikation gibt keine letzte Sicherheit. Manche können noch so viele Kurse absolvieren und tun sich immer noch schwer. Andererseits gibt es Frauen, die nie einen Kurs besucht haben, aber aufgrund ihrer langjährigen Praxis mit allen Tagespflegewassern gewaschen sind.

Jugendämter und Sozialarbeiter sprechen von ihnen nicht selten mit Ehrfurcht («das sind unsere Profis») und weisen zuweilen darauf hin, welch eine – in Teilen auch aufopferungsvolle – Arbeit diese Frauen für die Gemeinschaft geleistet haben und leisten, bei wahrlich karger Entlohnung. Wie viele Kindergärten (Stückpreis etwa 30000 Mark pro Kind, von den Betriebskosten, die jährlich etwa genauso hoch liegen, nicht zu sprechen) hätten die Kommunen ohne diese Frauen bauen müssen!

Endlich gleich: Das Gesetz und die Aufwertung der Tagespflege

Niemandem würde einfallen, die Arbeit einer Erzieherin, die jeden Morgen gegen sieben Uhr das Haus verläßt und um acht Uhr in ihrem Kindergarten ist, nicht als richtige Arbeit zu bezeichnen. Daß sie schlecht genug bezahlt wird, sagt zwar einiges über ihr geringes gesellschaftliches Ansehen aus, aber um ihr Berufsbild braucht sie nicht zu kämpfen. Eine Tagesmutter dagegen, die ganz allein neben ihren eigenen Kindern zwei, drei, vier oder gar fünf andere mit versorgt und erzieht – die soll nicht «richtig berufstätig» sein? Sie ist es nach offizieller Lesart nicht, selbst wenn sie dies schon 15 Jahre macht.

Rechtliche Gleichstellung

Dennoch haben auch die Gesetzgeber mittlerweile erkannt, daß aus den Basisinitiativen der siebziger Jahre eine veritable gesellschaftliche Größe geworden ist, die aus unserem Sozialleben nicht mehr wegzudenken ist. (Obwohl niemand genaue Zahlen kennt, liegen Schätzungen, wonach es derzeit 125 000 Tagespflegeverhältnisse in Deutschland gibt, wohl eher zu niedrig.) Am 1. Januar 1996 trat das novellierte Kinder- und Jugendhilfegesetz (KJHG) in Kraft. Die «Tagespflege» wird dabei explizit vor allem in § 23 angesprochen. Hier heißt es, zur Förderung der Entwicklung eines Kindes «kann auch eine Person vermittelt werden, die das Kind für einen Teil des Tages oder ganztags entweder im eigenen oder im Haushalt des Personensorgeberechtigten betreut» (also bei den Eltern). Diese Regelung kommt einer kleinen Revolution gleich:

Die Tagespflege ist damit rechtlich der Förderung von Kindern in den sogenannten «Tageseinrichtungen» (Kindergärten, Hort usw.) gleichgestellt.

Das verdanken wir dem neuen «Rechtsanspruch auf einen Kindergartenplatz», der in dem besagten, politisch heiß umkämpften Paragraphen formuliert ist. Als das Gesetz in Kraft treten sollte, stellte sich schnell heraus, daß es nicht genügend Plätze für die 3- bis 6jährigen gab. Man verfiel auf folgende Lösung, die für viele Familien keine ist: Der Rechtsanspruch bezieht sich nur auf vier Stunden täglich. Aber weil den Gesetzgebern sehr wohl bewußt war, daß damit wieder einmal direkt am Wohl vieler Eltern vorbeigeplant wurde, sieht der Paragraph 24 vor: «Die Träger der öffentlichen Jugendhilfe haben darauf hinzuwirken, daß ein bedarfsgerechtes Angebot an Ganztagsplätzen zur Verfügung steht.» Das ist – strenggenommen – zwar nur eine moralische Verpflichtung, aber dennoch ein deutlicher Wink. Und um sich gegenüber den protestierenden Kommunen angesichts derartiger Vorgaben etwas generös zu zeigen, kann der Rechtsanspruch auf einen Kindergartenplatz zumindest bis Ende 1998 auch abgegolten werden durch ein «anderes geeignetes Förderangebot». Es ist also rechtlich möglich, daß Eltern auf ihren Rechtsanspruch verweisen, die Kommune sie aber mit dem Argument, man habe einstweilen keinen freien Kindergartenplatz, auf einen freien Platz bei einer Tagesmutter verweist.

Der Gesetzgeber sagt auch, wann er eine «Tagespflege» für sinnvoll hält: «insbesondere in den ersten Lebensjahren». Mit dieser Formulierung ist klargestellt, daß durchaus auch andere Lebensabschnitte denkbar sind. Damit wird der aktuellen Entwicklung Rechnung getragen, wonach der Anteil der Tageskinder, die über drei Jahre alt sind, ständig steigt. In Hamburg beträgt er mittlerweile fast 70 Prozent, das älteste offizielle Tageskind war nach einer Untersuchung aus dem Jahr 1992 exakt 17,2 Jahre alt!

Beratung

Der für unser Thema zentrale Paragraph 23 trifft noch eine weitere Festlegung: Tagespflegepersonen und abgebende Eltern (im Amtsjargon: Personensorgeberechtigte) «haben Anspruch auf Beratung in allen Fragen der Tagespflege». Damit ist der Staat in die Pflicht genommen, wobei das Beratungsangebot nicht nur für Pflegeverhältnisse gilt, die die Jugendämter vermittelt haben.

Dieses Recht sollte nicht gering bewertet werden. Thomas Lakies, Richter in Berlin und Kommentator des Kinder- und Jugendhilfegesetzes, gibt sogar zu bedenken, daß der Beratungsbedarf für Tagesmütter «besonders hoch sei», da die Tagespflegepersonen «überwiegend auf sich selbst gestellt sind». Ein Umstand übrigens, den der Gesetzgeber durchaus als Manko erkannt hat, weshalb, so heißt es ausdrücklich im vierten Absatz des § 23, «Zusammenschlüsse von Tagespflegepersonen beraten und unterstützt» werden sollen. Im Zusammenhang mit dieser Festlegung sieht Thomas Lakies den Staat geradezu in der Pflicht, für Tagesmütter ein «kontinuierliches Fortbildungsangebot» bereitzustellen. Diese Pflicht ergibt sich übrigens auch aus der eingangs zitierten Festlegung, wonach Tagespflegepersonen «die Entwicklung» eines Kindes «zu fördern» haben. Es geht also bei der Tagespflege keineswegs um eine reine Aufbewahrung von Kindern, um ihre einfache Beaufsichtigung, sondern durchaus auch um Pädagogik, ums Lernen.

Das Wohl des Kindes

Soll das Jugendamt sich an den Kosten für die Fremdbetreuung beteiligen, muß das nachgewiesene Pflegeverhältnis «zum Wohl des Kindes» wirklich «geeignet und erforderlich» sein. Das Jugendamt darf so etwas prüfen, wenn es die Finanzierung und somit auch die Verantwortung übernimmt. Wann ein Tagespflegeverhältnis «erforderlich» ist, läßt sich allgemein schlecht beurteilen und dürfte von verschiedenen Jugendämtern durchaus unterschiedlich gesehen werden. Unstrittig «erforderlich» ist eine Betreuung des Kindes, wenn die Mutter zur Existenzsicherung wirklich (mit-)arbeiten muß. Und wenn Kinder aus Familien betreut werden müssen, die «eine Hilfe zur Erziehung» nach § 27 KJHG erhalten. Gemeint ist eine spezielle Förderung geistig, sozial oder körperlich zurückgebliebener Kinder. Art und Umfang richten sich «nach dem erzieherischen Bedarf im Einzelfall». Das kann durchaus «therapeutische Leistungen», ja sogar «Ausbildungs- und Beschäftigungsmaßnahmen» einschließen und bis zur «Vollzeitpflege» reichen.

Manche Jugendämter stellen auch komplette Hilfsprogramme für gefährdete Familien auf. Wenn etwa eine alleinerziehende Mutter den Alltag mit vier Kindern im 8. Stock eines Hochhauses in einer 2 1/2-Zimmer-Wohnung nicht mehr bewältigen kann, finanziert das Jugendamt die Unterbringung der Kinder unter anderem bei Tagesmüttern. Zur Entlastung der Mutter und für eine gezielte, individuelle Förderung der Kinder.

Wie steht es aber, wenn es sich um ein Einzelkind handelt, die Mutter zwar zu Hause ist, es aber für das Wohl des Kindes für unabdingbar hält, daß es in einer kontinuierlichen Gruppe mit anderen Kindern zusammen spielt? Dann wird es schwierig mit dem Zuschuß. In solchen Fällen hilft es manchmal, wenn die Mutter darlegt, daß sie auf der Suche nach einem Arbeitsplatz ist oder sich weiterbilden möchte. An Klippen wie diesen zeigt sich im übrigen, daß Kinder – jedenfalls im Alter bis zu drei Jahren – immer noch keinen selbstverständlichen Anspruch auf eine «staatliche» Förderung haben.

Wunsch- und Wahlrecht

Wer entscheidet überhaupt, was für ein Betreuungsplatz meinem Kind zusteht? Zuerst einmal die Eltern in Vertretung des Kindes. Im Paragraph 5 des Kinder- und Jugendhilfegesetzes findet sich die Formulierung: «Die Leistungsberechtigten (also Eltern) haben das Recht, zwischen Einrichtungen und Diensten verschiedener Träger zu wählen und Wünsche zu äußern.» Wünsche hat man viele. Was muß akzeptiert werden? «Der Wahl und den Wünschen soll entsprochen werden, sofern dies nicht mit unverhältnismäßigen Mehrkosten verbunden ist.» Wünschen sich also Eltern für ihr Kind eine teure Privateinrichtung und verlangen die Bezahlung vom Jugendamt, wird es dies unter Hinweis auf die Mehrkosten vermutlich ablehnen. Andererseits darf die Kommune nicht, wie dies im Osten der Bundesrepublik zuweilen der Fall zu sein scheint, die Bezuschussung eines Tagespflegeplatzes verweigern, nur weil es jede Menge freier Krippenplätze gibt, die es erst mal zu füllen gilt. Das «Wunsch- und Wahlrecht» (§ 5) ist hoch angesiedelt und nicht nur eine Art Schönwetterregelung.

Keine Pflegeerlaubnis

Von entscheidender Bedeutung für die «normale» Tagespflege (auf Spezialfälle gehen wir weiter unten ein) ist der Paragraph 44 des KJHG. Er regelt die «Pflegeerlaubnis». Wer darf also ein Kind betreuen? Früher brauchte jede Tagesmutter eine Pflegeerlaubnis, unabhängig davon, ob «ihre» Kinder vom Amt vermittelt wurden oder nicht. Weil es aber mit der Zeit immer mehr Tagesmütter wurden und der praktisch nicht zu kontrollierende graue Markt – ohne Vermittlungstätigkeit der Jugendämter – sich ständig ausweitete, hat der Gesetzgeber im neuen Kinder- und Jugendhilfegesetz gänzlich darauf verzichtet, für jede Tagespflegestelle eine Erlaubnis ausstellen zu wollen.

Die Pflegeerlaubnis für eine «normale» Pflegestelle ist also weggefallen. «Einer Erlaubnis bedarf nicht», heißt es nun im § 44, «wer ein Kind während des Tages betreut, sofern im selben Haushalt nicht mehr als zwei weitere Kinder in Tagespflege oder über Tag und Nacht betreut werden». Das ist kompliziert ausgedrückt. Es heißt jedoch nichts anderes, als daß eine Tagesmutter neben ihren eigenen Kindern bis zu drei Tageskinder ohne jegliche Pflegeerlaubnis bei sich aufnehmen darf. Es zählen dabei die Köpfe. Auch ein Kind, das nur zweimal die Woche am Vormittag kommt, ist ein Pflegekind und wird wie jedes andere gezählt.

In vielen Landesgesetzen geht man übrigens über das Bundesgesetz hinaus. Da ist es möglich, daß Tagesmütter – zu den drei freien – noch zwei Kinder zusätzlich aufnehmen. Für diese brauchen sie zwar offiziell eine Erlaubnis. In der Praxis wird aber häufig unbürokratisch verfahren. Bei Tagesmüttern, die dem Jugendamt ohnehin bekannt sind, genügt in manchen Kommunen ein Anruf. Andere kontrollieren strenger.

Werden mehr als drei fremde Kinder betreut, handelt es sich schon um eine sogenannte «Großpflegestelle». Bei mehr als fünf fremden Kindern spricht der Gesetzgeber von einem «Betrieb», für den nach § 45 KJHG in jedem Fall eine offizielle Betriebserlaubnis eingeholt werden muß. Wer sich daran nicht hält, begeht eine Ordnungswidrigkeit und macht sich regelrecht strafbar (§ 104, Abs. 1, KJHG).

Der Wegfall der generellen Pflegeerlaubnis hat die Tagespflege-Szene einigermaßen erschüttert. Wenn die Pflegeerlaubnis wegfällt, es künftig also «jede» machen könne, komme dies einer Abwertung des gesamten Berufsstandes gleich. Gerade auch den vielen Eltern, die sich nicht so auskennen, könne doch das Instrument einer «Pflegeerlaubnis» die Sicherheit geben, nicht an die völlig falsche Tagesmutter zu geraten, wird argumentiert.

Befürworter und Ablehner der neuen Regelung lieferten sich heftige Diskussionen, die Standpunkte stehen sich hart und fast unversöhnlich gegenüber. Für eine behördliche Eignungsfeststellung spricht unter anderem:

Eine mit Kontrolle verbundene Pflegeerlaubnis

- erhöhe die Stabilität der Pflegeverhältnisse,
- verhindere, daß ungeeignete Personen vermittelt werden,
- verhindere, daß Eltern – was nicht selten vorkommt – zum Nachteil ihrer Kinder verantwortungslose und leichtfertige Entscheidungen treffen,
- verringere, z. B. durch Routinebesuche, die Zahl ungeeigneter Pflegestellen,
- werte den «Beruf» auf.

Gegen die Voraussetzung einer generellen Pflegeerlaubnis wird angeführt:

- «Eignung» lasse sich durch kurze Kontrollen nicht wirklich feststellen: immer wieder hätten sich Tagesmütter, die man für inkompetent hielt, in der Praxis als kompetent und erfolgreich erwiesen. Und auch das Umgekehrte gilt.
- Führten nicht alle Versuche, Eignung festzustellen, letztlich zur Formulierung von Banalitäten?
- Hängt die Vermittlung nicht viel eher vom zahlenmäßigen Verhältnis zwischen suchenden Eltern und Tagesmüttern ab? Ist die Nachfrage geringer als das Angebot, werden die «schlechten» automatisch herausgefiltert.
- Eine vorgeschriebene Kontrolle könne geeignete Frauen abschrekken, die nur den Gang zum «Jugendamt» mit seinem für etliche noch belasteten Ruf scheuen.

Darüber, was eine staatliche Kontrolle zu leisten vermag, gibt es im Grunde keinerlei verläßliche Untersuchungen. Eine Studie aus Hamburg läßt allerdings aufhorchen und muß all diejenigen nachdenklich stimmen, die sich von «staatlich vermittelten» Pflegeverhältnissen eine bessere Qualität versprechen. Bei einer Untersuchung unter Hamburger Tagesmüttern 1992/93 zeigte es sich, daß Eltern, die sich ihre Tagesmütter selbst gesucht hatten, insgesamt deutlich zufriedener mit der Pflegestelle waren als diejenigen, deren Tagesmutter über das Jugendamt vermittelt worden war. Wer sich eine Tagesmutter selbst suchte, bei dem gab es eine geringere Diskrepanz zwischen den Erziehungsstilen, eine geringere Zahl an Abbrüchen und eine höhere Zufriedenheit der Kinder bei den Tagesmüttern. Wenn auch einschränkend berücksichtigt werden muß, daß es sich bei den Eltern, deren Kinder «vom Amt» vermittelt werden, um eine sozial insgesamt schwierigere Klientel handelt als bei denen, die sich selbst etwas suchen, so sind die Ergebnisse doch aufschlußreich. Sie zeigen, daß eine Vermittlung über das Amt nicht per se besser sein muß.

Ob der Wegfall einer offiziellen Pflegeerlaubnis nun das Ende jeglichen Schutzes bedeutet oder aber den Aufbruch zu neuen Ufern, wird sich noch zeigen. Denn es ist ja durchaus nicht egal, ob eine Tagesmutter qualifiziert ist oder nicht. Der Gesetzgeber hat zwar die generelle Pflegeerlaubnis gestrichen, gleichzeitig aber die Beratungspflicht der öffentlichen Hand hervorgehoben. Der – freiwilligen – Weiterbildung kommt nach allgemeiner Meinung eine immer größere Bedeutung zu. Unterstützt vom Bundesverband der Tagesmütter, weitet sich das Qualifizierungsangebot derzeit deutlich aus. Und es zeigt sich, daß Tagesmütter, die eine entsprechende Qualifikation nachweisen, sich auf dem Markt besser verkaufen können. Nur wenn der Markt leergefegt ist, haben auch «schlechte» Tagesmütter gute Chancen.

Restaufsicht

Im übrigen hat sich der Staat nicht völlig aus der Aufsicht verabschiedet. «Ist das Wohl des Kindes oder des Jugendlichen in der Pflegestelle gefährdet ...», wird die Erlaubnis (die generelle oder spezielle) widerrufen. Insgesamt führt aber kein Weg daran vorbei, daß sich im Tagespflegeverhältnis zwei Parteien zusammenfinden, die – ob schriftlich oder nicht – für einen vereinbarten Zeitraum einen freien Vertrag miteinander schließen. Es ist – manche mögen das bedauern, doch bessere Lösungen sind nicht in Sicht – ein bißchen wie beim Gebrauchtwagenkauf: Gekauft wie besehen. Da es sich aber um Kinder handelt, sollten die Eltern genau gucken, worauf sie sich einlassen. In schwierigen Lagen, so sieht das Gesetz es ausdrücklich vor, können sie sich vom Jugendamt beraten lassen.

Flickenteppich Deutschland

Das Kinder- und Jugendhilfegesetz als «Achtes Buch» im «Sozialgesetzbuch», so der offizielle Titel, steckt jedoch als Bundesgesetz nur den groben Rahmen ab. Gleich dahinter beginnt der Wildwuchs. So hat – um es salopp zu sagen – jedes Dorf hinsichtlich der Tagespflege seinen eigenen Charakter und seine besonderen Bedingungen. In dieser Angelegenheit ist die Bundesrepublik der reinste Flickenteppich, und keiner könnte von sich behaupten, auch nur annähernd den Überblick zu haben.

16 Bundesländer haben 16 Ländergesetze, innerhalb derer wiederum die Kommunen frei schalten und walten. So verfügt, um nur dieses Beispiel herauszugreifen, jedes zweite Jugendamt in Deutschland über gar keine Angebote für 0- bis 3jährige, weder im Krippen- noch im Tagespflegebereich. Das Durcheinander bezogen auf Zahlen, Beitragssätze, Modellversuche oder partielle Unterstützungen könnte kaum größer sein. In einigen Kommunen werden Tagesmütter, die vom Jugendamt bezuschußt werden, für das Kind automatisch gleich haftpflichtversichert, in anderen nicht. In der Stadt A engagiert sich das Jugendamt, in der Stadt B begreift man Tagesmütter höchstens als Adresse für schwierige Fälle. In der Stadt C verfügt der Tagesmütterverband über ein großes Fachwissen sogar hinsichtlich kniffliger Fragen zum Arbeitsrecht, und in der Stadt D gibt man aus Unkenntnis falsche Auskünfte. Dazu kommen unterschiedliche örtliche Gegebenheiten. (In Ostberlin beispielsweise versucht man die leerstehenden Krippenplätze dadurch zu besetzen, daß man Müttern, die ausdrücklich eine Tagesmutter suchen, ein ärztliches Attest abfordert mit dem Inhalt, daß das Kind nicht krippentauglich sei.) Kurzum: Das Durch-

einander ist komplett, die Lage beschämend – und kaum einen Verantwortlichen interessiert dies wirklich.

Es gibt Ausnahmen. Schleswig-Holstein hat, als einziges Bundesland, seit 1992/93 ein «Gesetz zur Förderung von Kindern in Tageseinrichtungen und Tagespflegestellen». Kommunale Träger können Tagesmütter offiziell anstellen. Das Land verpflichtet sich, Zuschüsse zu den Personalkosten zu zahlen, wenn der «Nachweis von Grundqualifikationen» erbracht wurde. Warum Schleswig-Holstein? Ist es die Nähe zu den in der Tagespflege vorbildlichen Nachbarländern in Skandinavien? Oder der beschämende Rückstand beim Bau von Kindertageseinrichtungen, der das Land einst auf den letzten Platz in der diesbezüglichen Statistik rutschen ließ?

Ein Modell

Jedenfalls suchte das arme Bundesland Schleswig-Holstein nach bezahlbaren Alternativen und fand einige Kommunen, die mitmachen. Etwa die Stadt Pinneberg, am Rande von Hamburg, deren Modell im April 1997 von der *Frankfurter Rundschau* beschrieben wurde. Hier sind fünf Tagesmütter fest beim Verein Tagesmütter angestellt. Sie betreuen 17 Kinder in vier Gemeinden. Ihr Bruttogehalt beträgt 3300 Mark und orientiert sich damit an dem Verdienst einer Erziehungshelferin ohne Ausbildung, verheiratet, 27 Jahre. Eine Tagesmutter muß dafür – in ihrem eigenen Haus – mit vier Kindern 7,7 Stunden täglich arbeiten. Mit den Eltern brauchen die Tagesmütter nicht über den Lohn zu feilschen, die Sätze liegen fest. DM 363,– kostet die Eltern monatlich der Ganztagsplatz für ein Kind, das älter als drei Jahre ist. Wird eine Tagesmutter krank, sorgt eine «Springerin» für die Kinder. Sind nicht genügend Kinder da, muß die Tagesmutter auf einen Teil ihres Gehaltes verzichten. Dafür ist sie durch das Modell sozial-, renten- und krankenversichert. Wie bei der Finanzierung von Kindergärten reicht auch in diesem Modell der Elternbeitrag nicht aus. Kommune und Kreis leisten Subventionen, profitieren allerdings von einer Anschubfinanzierung des Landes von 270 000 Mark, allein für den Kreis Pinneberg.

Mit «seinen» Tagesmüttern fährt der Kreis gut. Kommunen, die sich einst für teure Kindergärten entschieden, haben dagegen Probleme. So mußte die benachbarte Kleinstadt Barmstedt kürzlich feststellen, daß ihre Bedarfsprognose falsch war. Jetzt stehen dort viele Plätze leer, die dennoch Kosten verursachen. So können sich Tagesmüttermodelle, selbst wenn sie von der Allgemeinheit subventioniert werden, doch rechnen. Vor allem auch in strukturschwachen oder bevölkerungsarmen Gebieten.

Das Jugendamt als Kontrollinstanz und Service

Zentren der Tagespflege sind, das überrascht nicht, Ballungsräume wie Hamburg und Berlin. Der Markt dort hat sich allerdings autonom entwickelt und ist von vielen Jugendämtern all die Jahre hindurch eher mit Argusaugen betrachtet worden. In Hamburg etwa waren die staatlichen Kinderfürsorger lange der Meinung, ihre Krippen mit dem geschulten Personal seien Tagespflegestellen mit ungeschulten Müttern «natürlich» überlegen. Lediglich in Fällen, in denen ihre Institutionen überfordert sind, bei Kindern mit «Entwicklungsdefiziten» etwa, oder «Kindern von ausländischen Arbeitnehmern oder von Aussiedlern» wollte man eine Tagespflegestelle als besonders geeignet einstufen.

Doch die Entwicklung ist längst über derartige Standpunkte hinweggegangen. Die städtische Jugendhilfe wurde mittlerweile sogar zum Motor eines interessanten Modells, der schon erwähnten Tagesmutterbörse. Hamburg ist auf (die billigen!) Tagesmütter dringend angewiesen und wäre, selbst bei bestem Willen aller Beteiligten, gar nicht in der Lage, genügend Krippen-, Kindergarten- oder Hortplätze für alle Kleinen anzubieten. Ganz abgesehen von der Frage, ob dies überhaupt wünschenswert wäre. 1982 lag die Zahl der geförderten Tagespflegeplätze bei 450, 1992 bereits bei 4200 und 1994 bei 4600 Plätzen. Gezählt wurden nur die staatlich bezuschußten Plätze. Was privat läuft, ist nirgends erfaßt und dürfte die offiziellen Zahlen noch einmal verdoppeln. In Berlin liegen die Zahlen erwartungsgemäß noch höher. Hier finanzierten die Jugendämter 1993 insgesamt 7500 Plätze, davon 6000 in den Westbezirken.

Tagespflege tritt also – auch zahlenmäßig – immer stärker aus dem Bereich der Fürsorge heraus und wird zu einem «normalen» Angebot. Dennoch fällt das Umdenken in vielen Behörden schwer. Noch sind freundliche Servicestellen, die gleichermaßen Tagesmüttern wie abgebenden Eltern nützen, selten. Zu selten! Und wenn der Staat das nicht macht, dann machen es eben private Vermittler, Firmen, die es z. B. in Berlin bereits gibt, und die zwischen einigen hundert und tausend Mark für eine Vermittlung nehmen.

Wie alles begann: Der Modellversuch «Tagesmütter» im Kreuzfeuer der Kritik

Ältere Tagesmütter erinnern sich noch daran, wie «alles» anfing. Das ist nämlich noch gar nicht so lange her. Anfang 1973 informierte die Frauenzeitschrift *Brigitte* in Heft 3 ihre Leser: «Tagesmutter. Seit drei Jahren gibt es in Schweden ‹Tagesmütter› – Frauen, die außer ihren eigenen Kindern auch noch Kinder anderer Mütter versorgen und betreuen», und forderte: Auch wir brauchen Tagesmütter, «weil die Kindergartenmisere auf keine andere Art schneller zu beheben wäre». Die Zeitung meldete aus Schweden: «Tagesmütter verdienen gut», und aus Deutschland: «Bonn reagiert positiv».

Damit gab die populäre Frauenzeitschrift den Startschuß zu einer Bewegung, mit deren Dynamik sie wohl selbst nicht gerechnet hatte. Eine Reform, die nicht von der Politik ausging, sondern «von unten». Eine Reform, bei der, gerade weil sie überfällig und vernünftig war, die Frauen die Politiker «vor sich her trieben». Anfangs konnte und mochte sich kaum einer quer stellen, und so hieß es wenige Monate später schon: «Politiker, Kirchen, Verbände – alle machen mit.»

Modell Schweden

Das vielgelobte Land, auf das viele Tagesmütter Europas sehnsüchtig gukken, heißt Schweden. Fast alle Tagespflegepersonen sind bei örtlichen Behörden angestellt. Erst seit kurzem gibt es die Möglichkeit, sich selbständig zu machen. Das Interesse an der Selbständigkeit nimmt zu, weil die Behörden die Zahl der angestellten Tagesmütter – auch aus Gründen des Sparens – reduzieren.

Früher beteiligte sich der Staat pauschal zu 50 Prozent an den Betreuungskosten. Heute bekommen die örtlichen Behörden eine Gesamtsumme überwiesen, die sie nach eigenem Gutdünken verwenden. Den Tagespflegepersonen steht ein monatlicher Lohn zu. Vollbezahlung wird erreicht, wenn drei Kinder voll betreut werden, das heißt über 55 Stunden die Woche, und ein Kind teilweise dazukommt (in Schweden, dem dünnbesiedelten Riesenland, sind die Anfahrtswege der Eltern zum Arbeitsplatz oft sehr lang, und die Kinder verweilen entsprechend lang bei den Tageseltern).

Tagespflegepersonen haben die gleichen Rechte wie andere Arbeitnehmer. Dazu gehören fünf Wochen bezahlter Urlaub, Lohnfortzahlung von 80 Prozent im Krankheitsfall und eine Rentenversicherung.

Qualifikation wird großgeschrieben. Die nationale Gesundheitsbehörde empfiehlt, daß alle Betreuungspersonen die gleiche Grundausbildung absolvieren wie Kindergartenhelfer (Dauer: 40 Wochen). Teilweise veranstalten örtliche Behörden ein spezielles Erstausbildungsseminar von 100 Stunden. Eine berufsbegleitende Weiterbildung von 30 Stunden findet meistens tagsüber statt, die Zeit wird vergütet. 1993 hatten immerhin zwei Drittel aller Tagespflegepersonen die Erstausbildung oder die 40wöchige Ausbildung zur Kindergartenhelferin absolviert. Für organisierte Tagespflegepersonen müssen Supervisoren vorhanden sein, die einerseits garantieren sollen, daß die Tagespflege die geforderten Qualitätsstandards erfüllt, andererseits als Hilfe für die Tagesmütter zur Verfügung stehen. Der regelmäßige Erfahrungsaustausch von Tagespflegepersonen wird sehr gefördert. Der Mehrzahl der Gruppen steht ein öffentlicher Treffpunkt zur Verfügung, oft sind das die Kindertagesstätten. 80 bis 90 Prozent der staatlich angestellten Betreuungspersonen sind Mitglieder der Gewerkschaft für Arbeitnehmer im öffentlichen Dienst und können auf diese Weise ihre Forderungen mit großem Nachdruck vertreten.

In der Redaktion waren körbeweise Briefe eingetroffen. Viele Frauen, nicht nur mit eigenen kleinen Kindern, wollten Tagesmütter werden. Hunderte von berufstätigen Müttern baten um Vermittlung von Tagesmütteradressen. Die Interessen paßten also wunderbar zusammen.

Mütter taten sich in Initiativen zusammen und stellten fest, wie groß der gesellschaftliche Bedarf an individueller Betreuung mittlerweile geworden war. Sie standen mit ihrem Problem nicht allein. Der Bericht über das schwedische Modell, bei dem Tagesmütter offiziell angestellt und staatlich angemessen entlohnt wurden, wirkte wie ein Sesamöffne-dich, das auch die Frauen erreichte, die sich mit der zeitweisen Abgabe ihrer Kinder bei Großeinrichtungen eher schwertaten.

Vollkommen neu war die Tagespflege in Deutschland allerdings nicht. So sah das Reichsjugendwohlfahrtsgesetz (RJWG) schon 1922 «Pflegestellen» vor, die allerdings der «Fürsorge» unterstanden. «Bereits gefallene» Kinder und Jugendliche, also Verhaltensauffällige und «Schwererziehbare» (auch so ein Wort von damals) oder Sprößlinge aus «zerrüttetem Elternhaus» sollten in intakten Familien zu anständigen Mitgliedern der Gesellschaft gemacht werden. Wenn ein Jugendamt entdeckte, daß eine Familie ihren erzieherischen Pflichten nicht nachkam, vermittelte es entsprechende Pflegeeltern. Die Tagespflege wurde also als sozialfürsorgerische Maßnahme begriffen, wobei sich der Staat willkürlich der Kinder bemächtigte und sie ausgewählten Familien zur Erziehung übergab, ein Ruch, den sie zum Teil bis heute nicht losgeworden ist.

In «normalen» Familien gehörte das Kind in den ersten Lebensjahren an die Seite seiner sorgenden Mutter, so wollte es die herrschende Ideologie. In dieser Vorstellung hatte Fremdbetreuung keinen Platz. Bis 1976 zählte man in der Bundesrepublik für Kleinstkinder bis zu drei Jahren insgesamt nur 20600 Krippenplätze, 11000 davon allein in den Großstädten Berlin und Hamburg. Damals besuchte nur jedes hundertste Kleinkind eine Krippe. Das war die offizielle Politik und entsprach nicht etwa dem Wunsch von Frauen und Familien! Denn Nachfrage gab es schon. Zu dieser Zeit waren nämlich bereits über 600000 Mütter mit Kleinstkindern berufstätig.

Wo blieben denn all die kleinen Kinder tagsüber? Eine Repräsentativbefragung des Bundesministeriums für Jugend, Familie und Gesundheit erhärtete 1976, was den Verfechtern des Tagesmütter-Modells sowieso schon klar war: Das hehre Bild von der tiefen Kind-Mutter-Bindung in den ersten Lebensjahren stimmte mit der Wirklichkeit längst nicht mehr überein. Häufig waren Frauen und Eltern gezwungen, sich innerhalb der Familie irgendwie «durchzuwurschteln»: 46 Prozent der Kleinstkinder von erwerbstätigen Müttern wurden regelmäßig von Omas und Opas betreut, sieben Prozent von Cousinen, Onkeln und Tanten, und drei Prozent von älteren Geschwistern. Fast ein Drittel der Kinder bis zu drei Jahren fand bei «Nachbarn und Bekannten» Unterschlupf. Bundesweit wurden damals nur 5300 Kinder in sogenannten Tagespflegestellen betreut. Kurzum: Deutschland, eine moderne Industriegesellschaft, verharrte in der Kindererziehung auf der Stufe bäuerlicher Selbstversorgung.

Es war also höchste Zeit für den «Modellversuch Tagesmütter». Genügend Interessenten waren natürlich schnell gefunden. Die SPD/FDP-Regierung unterstützte das Projekt, Länder und Kommunen beteiligten sich an der Finanzierung, und das Deutsche Jugendinstitut (DJI) in München wollte den Versuch wissenschaftlich begleiten und später analysieren.

Alles fügte sich also aufs schönste, als auf den Titelseiten der Zeitungen ein Sturm patriarchaler Entrüstung losbrach. Angeführt von einigen älteren Herren, Autoritäten, die sich aufgrund ihrer offiziellen Stellung der gesellschaftlichen Aufmerksamkeit gewiß sein konnten, erlebte die Gesellschaft einen Fundamentalismus in Weiß, der sich in den Mantel «Anwalt des Kindes» kleidete. «Wir Kinderärzte warnen dringend vor solchen gefährlichen Experimenten an Säuglingen und Kleinkindern», so drohten die Professoren Schäfer und Nitsch, der eine Vorsitzender der Deutschen Gesellschaft für Kinderheilkunde, der andere Vorsitzender der Deutschen Gesellschaft für Sozialpädiatrie.

Der Zoologe Bernhard Hassenstein, Ordinarius und Direktor des Zoologischen Instituts an der Universität Freiburg, läutete die Alarmglocken: Es entstehe «gar keine Bindung an eine feste Bezugsperson», da das Kind täglich zwischen zwei «untereinander beziehungslosen Betreuern hin und her» pendeln würde. Tagesmüttermodelle seien «Versuche am Menschen» mit nicht wieder rückgängig zu machenden Schädigungen. Diese Argumentationen beriefen sich auf die frühen Forschungen des amerikanischen Kinderpsychiaters René Spitz, der in den vierziger Jahren in amerikanischen Waisenhäusern schwere Fälle von mentaler Verwahrlosung und Hospitalismus entdeckt hatte.

Anders als beispielsweise in Schweden, wo die Einführung des Tagesmuttermodells von derartigen schrillen Abendland-Untergangstönen verschont blieb, redeten sich deutsche «Experten», allesamt Männer, so in Rage, daß man kaum glauben mag, daß dies noch nicht lange her ist. So beklagte Hassensteins Kollege Nitsch, das angestrebte Modell würde Frauen, die für die Kindererziehung «zu faul» seien, Anreiz geben, ihre «Säuglinge bei fremden Müttern auszusetzen». Ein Professor Gerd Biermann sah das Kind der «sozialen Gebärmutter» entrissen und warnte die Mütter: «Wo jedoch, zumal bei Akademikerinnen, beruflicher Ehrgeiz und Aufstiegsstreben im Spiel sind, werden leicht fraulich-mütterliche Bedürfnisse im Bezug zum Kleinkind vernachlässigt.» Der Mainzer Kinderneurologe Johannes Pechstein sah in dem «mit großer Wahrscheinlichkeit zum Scheitern verurteilten Experiment» gar einen Angriff auf die Zivilisation. Die «Spontaneität der Mutter und ihre natürliche unbegrenzte Fürsorge und Wärme neigen zur Auflösung» in einer «restlos verdinglichten Gesellschaft».

Diese Herren sahen die Gesellschaft, wenn Frauen ihre Mutterschaft mit Zweitmüttern teilen, vollständig im materialistischen Sumpf versinken. Eine Stimme verstieg sich gar zu der Empfehlung, sein Kind lieber gleich zur Adoption freizugeben, als es einer Tagesmutter anzuvertrauen. Biermann sah in dem Tagesmütter-Modell eine «zivilisatorische Fehlentwicklung», eine «Gefahr erster Ordnung für den inneren Bestand der immer labiler werdenden Gesellschaft». Unausweichliche Folge: Diese Kinder würden als Jugendliche notgedrungen in Kriminalität und Anarchie abrutschen. Professor Nitschs Meinung zu dem Experiment Tagesmütter lautete zusammenfassend: «Das muß man mit dem Dritten Reich vergleichen.»

Die Mütter, die mit dem Gedanken spielten, ihr Kind stundenweise fremdbetreuen zu lassen, setzten also nach Expertenmeinung die Liebe ihrer Kinder aufs Spiel, wurden als leichtfertige und egoistische Rabenmütter gebrandmarkt und zu allem Überfluß auch noch für den drohenden Untergang der Gesellschaft verantwortlich gemacht.

Ist das alles nicht Schnee von gestern? Ja und nein. Es sollte nicht unterschätzt werden, daß diese Argumente die Ängste vieler Frauen verstärkt haben und, wenn auch nicht in dieser krassen Ausprägung, auch heute noch wirksam sind. «Es war eine Diskussion», so sagt heute die Münchner Diplomsoziologin und Diplom-Psychologin Marianne Schumann vom Deutschen Jugendinstitut DJI in München, «die vielen Frauen, die ihre Kinder zu Tagesmüttern brachten, ein schlechtes Gewissen machte. Die Mütter fragten sich, was tue ich meinem Kind an. Es gab eine sehr große Unsicherheit und deshalb in der Anfangsphase des Projekts auch viele Diskussionen mit hochrangigen Wissenschaftlern, unter anderem mit der heutigen Bundestagspräsidentin Frau Süßmuth, einer Erziehungswissenschaftlerin, die damals schon vertrat, daß Kinder durchaus die Fähigkeit haben, sich an mehrere Personen zu binden.» Schließlich, so Marianne Schumann, die damals das Modellprojekt mit betreute, sei es «auch historisch gesehen keinesfalls der Normalfall, daß Kinder nur von ihrer eigenen Mutter betreut werden».

Kritik am Tagesmuttermodell der siebziger Jahre gab es aber nicht nur von konservativer, sondern auch von «linker» Seite. So lehnte die sozialdemokratische Regierung in Hamburg 1974 eine Beteiligung an dem bundesweiten Modellversuch ab: «Die Behörde für Schule, Jugend und Berufsbildung vertritt die Auffassung, daß die Kindertagesheime mit dem dort tätigen geschulten Personal bessere Voraussetzungen für eine kompensatorische Erziehung bieten als eine Tagesmutter.»

Zunächst verschreckt von der Wucht und Schärfe professoraler Kritik, meldeten sich erst zaghaft, dann zunehmend Frauen und Eltern aus der Praxis zu Wort. Sie hinterfragten die Idealisierung der «Normalfamilie». So berichtete das «Müttergenesungswerk» von unglücklichen Müttern, die ihre «Gefängnissituation», also mit den Kindern immer ans Haus gefesselt zu sein, als «stark negativ» empfanden. «Die ärztlichen Atteste vermerken: totale Erschöpfung, Depressionen, beginnende manifeste Krankheiten.»

Gleichzeitig kritisierten betroffene Frauen die existierenden Krippen. «In einem großen Raum rutschen zwölf Kleinstkinder auf dem Fußboden herum, nehmen einander das Spielzeug weg, patschen alle zur gleichen Zeit im Essen herum», schrieb die Autorin Heike Mundzeck. «Nur selten beugt sich eine freundliche Frau hilfreich zu einem Kind hinunter. Dann hocken alle gleichzeitig auf dem Töpfchen, und danach geht's ins Bett.»

Unterdessen blieben die lautstarken Proteste der führenden Gesundheitsfunktionäre nicht ohne Wirkung. Sieben von elf Bundesländern sagten ihre Teilnahme am Tagesmütter-Modellversuch ab, der Beginn wurde ständig weiter hinausgeschoben. Während immer mehr private Tagesmütter-Initiativen entstanden – bis Mitte 1974 waren es bereits 50 –, zeigte sich die Politik verunsichert. Die CDU, die anfangs hinter dem Projekt stand, spaltete sich nun. Während christdemokratisch regierte Städte und Gemeinden, die sich als Tagesmutter-Modellstadt gemeldet hatten, standhaft blieben, verlangten christdemokratische Bundespolitiker deutliche «Korrekturen». Die verängstigten Regierungsparteien SPD und FDP hielten sich nun noch strenger an die sogenannte Notstandsdefinition, wonach nur solche Kinder in das Modell einbezogen werden durften, deren Eltern bereits beide berufstätig waren oder die aus Familien mit nur einem Elternteil kamen.

Das Projekt, mit 1,5 Millionen Mark vom Familienministerium bezuschußt, wurde dann ein voller Erfolg. Zu Beginn herrschte regelrechte Aufbruchstimmung. Und die äußeren Bedingungen waren so gut, wie sie es nie wieder werden sollten. So gaben, nur um ein Beispiel zu nennen, der Bundesbahnarbeiter Wolfgang Lesser und seine Frau Gudrun, gelernte Arzthelferin, im schwäbischen Göppingen einen «ganzen Urlaub drauf», um sich in das Thema einzuarbeiten. Eine *Brigitte*-Reporterin, die die Lessers besucht hatte, entdeckte dort Spuren großen Engagements: «Ein dicker Aktenordner enthält Schriftwechsel mit Kommunal- und Landespolitikern, mit Jugendamt, Arbeiterwohlfahrt und dem Bundesministerium für Jugend, Familie und Gesundheit, Zeitungsberichte über die ersten öffentlichen Informationsveranstaltungen, auf denen Gudrun Lesser sich für den neuen Beruf einsetzte.» Heute kaum noch nachvollziehbar sind die Hürden, die damals genommen werden mußten: Ihren Nachbarn und auch den zuständigen Gremien der Bundesbahn mußten die Lessers erst einmal klarmachen, «daß Tageskinder keine Fremden sind, die in einer Dienstwohnung nicht mitwohnen dürfen».

Wie in Göppingen wurden in zehn anderen Modellorten, überwiegend im süddeutschen Raum, rund 400 Kleinstkinder berufstätiger Eltern drei Jahre lang durch 220 eigens geschulte Pflegemütter in deren eigenen Wohnungen betreut. Um für alles gewappnet zu sein, hatte man sogar für 13 «Springerinnen» gesorgt, Frauen, die im Notfall aushelfen konnten. 22 unabhängige «pädagogische Beraterinnen», bewußt nicht aus dem zuständigen Jugendamt, betreuten abgebende Eltern wie Tagesmütter. Die Tagesmütter mußten sich verpflichten, die Pfleglinge mindestens zwei Jahre lang mit bis zu 50 Wochenstunden zu betreuen. Dafür erhielten sie 450 Mark, 130 von den Eltern und 320 von der öffentlichen Hand, wobei sich Bund, Land und Kommunen die Kosten teilten.

Die Bilanz war eindeutig positiv. Das Deutsche Jugendinstitut (DJI) in München hatte das Experiment wissenschaftlich begleitet und herausgefunden, daß eine zeitweise Fremdbetreuung für die Kleinen keinerlei negative Folgen hatte – wie oben nachzulesen ist. Die Warnungen der professoralen Fachwelt bestätigten sich nicht. Die bis dato geltende Maxime, daß die Mütter von Kleinstkindern unter keinen Umständen berufstätig sein sollten, hatte sich als Vorurteil entpuppt und war ziemlich eindrucksvoll widerlegt worden. Leider fand der 400seitige Abschlußbericht zum Projekt «Tagesmütter» nicht im entferntesten die Öffentlichkeit, die den kritischen Stimmen zu Anfang des Experiments eingeräumt worden war.

Folgerichtig forderten die Münchener Wissenschaftler nach dem Ende des Modellversuchs den Ausbau der Tagespflegestellen. Doch dazu kam es nicht. Zwar sagten die Sozialdemokraten zu, die «neue Betreuungsform» im Jugendhilferecht zu verankern, doch eine «staatliche Subventionierung der Tagesmüttertätigkeit» könne es «aufgrund der angespannten Finanzlage des Bundeshaushalts» nicht geben. Jede weitere Finanzierung sollte den kommunalen Jugendhilfeträgern beziehungsweise den freien Verbänden überlassen werden. Die aber wollten davon nichts wissen. Bald kamen in Bonn CDU und CSU an die Macht, die damals noch überwiegend durchdrungen waren von der Mütterlichkeitsideologie.

Mit dem Auslaufen des Modells verschlechterten sich also die materiellen Voraussetzungen der Tagespflege abrupt. Zwar war die Nachfrage ungebrochen, bis 1983 verschickte die Zeitschrift *Brigitte*, die «Tagesmütter» immer noch als ihr Thema betrachtete, zehntausend Informationsmappen. Doch die Anerkennung als Beruf, die den Pflege-Frauen eine entsprechende Ausbildung, eine eigene Sozialversicherung sowie einen Rentenanspruch gebracht hätte, blieb aus – bis heute. Auch das Geld, das einzelne Kommunen den diversen Initiativgruppen, aus denen später der Verband der Tagesmütter- und -väter hervorging, anfangs für ihre Arbeit bewilligten, floß spärlicher.

Dennoch wurden Tagesmütter immer selbstverständlicher. Der Charme des Modells begann mancherorts gar das staatliche Krippenangebot auszustechen. Eine Entwicklung, die die kommunale Sozial-Bürokratie herausforderte. So verfügten Städte wie Hamburg 1983, daß nur solche Kinder an Tagesmütter überwiesen werden dürfen, bei denen die Eltern nachweisen können, daß sie in ihrer Nähe keinen Krippenplatz bekommen könnten. «Es ist politisch erwünscht, daß Kinder die staatlichen Tagesstätten besuchen», begründete die Behörde ihre Maßnahme, «die Gefahr bei den Tagesmüttern liegt in der Vereinzelungsproblematik.» Gleichzeitig wurde die Kinderzahl «staatlich geprüfter Tagesmütter» auf höchstens drei bzw. fünf begrenzt.

Doch derlei administrativer Kulturkampf von oben konnte nicht verhindern, daß die Nachfrage weiter stieg. Die Kontrolle, damals noch im Gesetz vorgeschrieben, kam kaum nach. Die Zahl der nichtkontrollierten Pflegestellen überstieg bald die Zahl der kontrollierten. 1991 schätzte die Vorsitzende der «Bundesarbeitsgemeinschaft Tagesmütter», daß neben den 25 000 staatlich anerkannten Zweitmüttern, die im Verband organisiert waren, noch mindestens drei- bis fünfmal soviel ihre Dienste «unorganisiert» auf dem grauen Markt anboten.

In zahlreichen Großstädten organisierten sich kommerzielle Tagesmütter-Firmen, in einzelnen Fällen zahlten Eltern monatlich bereits 1300 Mark und mehr für eine Ganztagsbetreuung, die nach kommunalen Sätzen höchstens 550 Mark betragen sollte. Dennoch war der Markt immer noch nicht gesättigt. «Allein in Westberlin warten Eltern von 20 000 Kleinkindern auf einen Betreuungsplatz», schrieb das Nachrichtenmagazin «Der Spiegel» 1991.

Erst als 1992 der Rechtsanspruch auf einen Kindergartenplatz festgeschrieben und die Kommunen damit gezwungen wurden, genügend Betreuungsplätze zur Verfügung zu stellen, entdeckten deutsche Kommunalpolitiker ihr Herz für die relativ billige und sehr flexible Tagespflege. Ein einziger Krippenplatz verschlingt, die hohen Anfangsinvestitionen nicht gerechnet, monatlich 1250 Mark an Betriebskosten. Soviel bekommt keine Tagesmutter!

Fast 25 Jahre nach der *Brigitte*-Initiative «Beruf Tagesmutter» hat sich der Markt noch längst nicht beruhigt. Das kaum erhöhte Angebot an Krippenplätzen reicht für etwa drei Prozent der Kinder. Ähnlich sieht es im Hortbereich aus, also bei den jüngeren Schulkindern, einem zweiten wichtigen Betätigungsfeld für Tagesmütter. Die «Nachfrage nach privater Betreuung steigt wieder enorm», meldet der Bundesverband der Tagesmütter. Er schätzt die Zahl der Tagesmütter auf insgesamt 100000.

Auch der längst vergriffene, nie wieder aufgelegte Abschlußbericht des Deutschen Jugendinstituts von 1980 kommt erneut zu Ehren – häppchenweise. So hat die Bundesregierung 1996 in zweiter Auflage ein dickleibiges Handbuch zur *Kinderbetreuung in Tagespflege* herausgegeben, in dem sich alle Ergebnisse von damals noch einmal minutiös zusammengestellt finden. Mit-Autorin Marianne Schumann vom Deutschen Jugendinstitut beschleichen angesichts dieser späten Renaissance widerstreitende Gefühle. Einerseits freut sie sich, daß Tagespflege endlich als gute Möglichkeit der Kindererziehung anerkannt wird. Andererseits ist sie aber auch skeptisch: «Es ist mir ganz wichtig herauszustreichen, daß die Tagespflege, wie sie damals in dem Modell betrieben wurde, unter äußerst guten äußerlichen Bedingungen stattfand. Heute kann man beobachten, daß in bezug auf die damaligen Ergebnisse etwas leichtfertig damit geprahlt wird, wie gut die Tagespflege doch ist, ohne mitzubedenken, wie sehr sie damals auch materiell gefördert wurde.»

Zwei Welten treffen aufeinander

1000 Gründe, warum sich Tagesmütter und abgebende Mütter unmöglich finden

Spricht man berufstätige Mütter an, die ihre Kinder von einer Tagesmutter betreuen lassen, dann sprudeln die oft los: «Also, da kann ich dir was erzählen, was da gestern wieder passiert ist ...» Es folgt ein wahres Horrorszenario. Hat man sein Kind selbst bei einer Tagesmutter, kann es passieren, daß die Frau einem mit tränenerstickter Stimme in die Arme fällt, um sich trösten zu lassen: «Ich bin völlig fertig. Was die Mutter von Tobias sich da rausnimmt, das muß ich mir doch nicht bieten lassen.» Im schlimmsten Fall kommt es zum Abbruch des Pflegeverhältnisses, weil es irgendwie nicht klappen will. Die Eltern suchen so schnell wie möglich eine neue Tagesmutter, wobei sie Gefahr laufen, eine übereilte Entscheidung zu treffen; der Tagesmutter fehlt plötzlich ein Teil ihres Einkommens. Das Kind muß sich meist von heute auf morgen auf eine neue Tagesmutter und Umgebung einrichten und reagiert verstört. Also Streß für alle Beteiligten.

Auf einem Fachkongreß, der vom Bundesverband der Tagesmütter und -väter 1995 in Bonn abgehalten wurde, fielen alarmierende Zahlen. Jedes dritte Tageskind, so die Essener Erziehungswissenschaftlerin Angela Schuch-Minssen, habe in den ersten drei Lebensjahren zwischen drei- und sechsmal die Tagesmutter gewechselt:

Der «Achte Jugendbericht» der Bundesregierung spricht von regelrechten «Betreuungskarrieren» bis zum Wechsel in den Kindergarten. Oft dauerte die Betreuung noch nicht einmal ein halbes Jahr. So zeigte sich bei der Auswertung von fast 4500 Tagespflegeverhältnissen in West-Berlin nach einer Studie von Infans aus dem Jahr 1984, daß ca. 45 Prozent der beendeten Tagesbetreuungsverhältnisse höchstens sechs Monate hielten.

In Berlin – so die Untersuchung weiter – scheiterte jede fünfte Fremdbetreuung im ersten halben Jahr, gut jede dritte im zweiten Halbjahr. Fast 41 Prozent der 1984 begonnenen Pflegeverhältnisse wurden noch im selben Jahr wieder aufgelöst. Diese Ergebnisse wurden damals allgemein als katastrophal eingeschätzt und führten dazu, daß die Qualifizierungsangebote verbessert wurden. Das zeigte Wirkung. Im sechs Jahre später untersuchten Bezirk Steglitz konnte der Anteil sehr kurzer Pflegeverhältnisse immerhin von 50 Prozent im Jahr 1984 auf 20 Prozent im Jahr 1990 zurückgeschraubt werden.

Leider schweigen alle bekannten Untersuchungen, wenn es um die wichtige Frage geht: Warum wurde ein Kind aus einer Pflegestelle genommen? Expertinnen der Praxis wie die Hamburger Sozialarbeiterin Sabine Isufi nennen einen Grund, der die Statistik nach oben treibt:

Ich glaube nach wie vor, der Hauptgrund, warum ein Kind aus dem Pflegeverhältnis rausgeht, ist, daß es einen Kindergartenplatz bekommt. Das wird natürlich als «Abbruch» gezählt, doch ist das eigentlich nicht richtig. Die sind dann auf irgendwelchen Wartelisten, dann ruft der Kindergarten an, und die müssen sich eben sofort entscheiden. Da kann man nicht sagen: Unser Kind braucht noch ein Vierteljahr. Das wäre pädagogisch sinnvoll, aber das macht kein Kindergarten mit. Also wird es Hals über Kopf rausgenommen.

Betreuungsverhältnisse scheitern jedoch oft auch an «internen Querelen». Denn selbst dann, wenn man endlich «seine» Tagesmutter gefunden hat und der Alltag «läuft», sind noch nicht alle Schwierigkeiten bewältigt. Im Gegenteil, der Boden ist konfliktträchtig. Die Dreiecksbeziehung Mutter – Kind – Tagesmutter ist hochgradig emotional geprägt und deshalb auch äußerst störungsanfällig. Das Risiko, daß es schiefgeht, ist hoch. Vor allem dann, wenn man nicht in der Lage ist, sich in den anderen oder die andere hineinzuversetzen. Häufig ist es wie bei einer neuen Liebe. Am Anfang ist alles eitel Sonnenschein. Und drei Tage später sieht man vor lauter Wolken den Himmel nicht mehr. An guten Vorsätzen und wohlfeilen Absichtserklärungen mangelt es nicht. Doch ihre Tragfähigkeit zeigt sich erst im Konflikt. Störungsfaktoren sind beispielsweise gegenseitige Übergriffe – die Grenzen des anderen werden nicht respektiert –, uneingestandene, unbewußte

Ängste, Unsicherheiten und Konkurrenzdenken von seiten der abgebenden Mütter, Neid auf beiden Seiten und Mißtrauen gegenüber der Motivation der jeweils anderen.

Irenes Stoßseufzer mag stellvertretend stehen: «Als Tagesmutter hätte man am liebsten sich selbst, einmal geklont. Das geht aber nicht.» Natürlich ist sich jede abgebende Mutter bewußt, daß sie von ihren Idealvorstellungen Abstand nehmen und Kompromisse eingehen muß. Das fällt zum Teil sehr schwer, zum Teil führt es sogar zum Abbruch der Tagesbetreuung.

Bevor wir einige Überlegungen anstellen, wie die Pflegebeziehung gut gelingen kann, wollen wir ein bißchen im Beziehungsschlamm wühlen und ein paar ständig wiederkehrende Konfliktpunkte an Beispielen vorführen, wohl wissend, daß damit nur ein kleiner Ausschnitt eines doch sehr buntgefächerten Alltags beleuchtet wird.

Gesucht und nicht recht gefunden

Sabine (Mutter): «So ganz das Richtige war irgendwie nie dabei.»

Sabine ist 30 Jahre alt und von Beruf Kunsterzieherin. Ihre Suche nach einer geeigneten Tagesmutter für ihre Tochter gleicht einer fast unglaublichen Odyssee:

Wir haben wohl an die 25 Tagesmütter kontaktiert, um eine gute Betreuung für unsere kleine Tochter zu finden. Wir haben offengelassen, ob wir lieber eine wollten, die ins Haus kommt – oder ob wir unsere Tochter eher wegbringen wollten.

Die erste Tagesmutter hatte es mir gleich angetan. Sie hatte so eine weiche Stimme, war ein Bild von einer Kinderfrau, hatte eine runde Brille und so etwas Rüschiges, daß ich dachte, die kann ein Kind bestimmt gut halten. Sie wollte ins Haus kommen und würde auch den Haushalt machen. Doch dann wollte sie 18 Mark die Stunde, sie sei als Erzieherin eben eine Fachkraft. Wir sagten ab, und für mich brach eine Welt zusammen.

Viele Bewerberinnen, die sich auf unsere Annonce gemeldet hatten, konnten wir schnell ablehnen. Da waren welche, die hatten das noch nie gemacht oder wollten Tagesmutter sein wegen des Geldes. Wenn ich das heraushörte, habe ich den Kontakt gleich abgebrochen.

Andere wohnten zu weit weg. Dann besuchten wir eine Frau in einem benachbarten Stadtteil, deren eigenes Kind behindert war. Doch da war so eine Häuslichkeit, ein Geruch, der mir gar nicht zusagte. Bei einer anderen Frau machte alles einen unheimlich professionellen Eindruck. Aber die hatte ihre drei Kinder im Keller. Die tobten da so rum, da kam mir unsere kleine Tochter ganz verloren vor.

Dann war da noch eine Frau, die auch eine kleine, zweijährige Tochter hatte. Ganz nett, sogar Haus mit eigenem Garten. Da deuteten sich aber schon Eifersüchteleien bei der leiblichen Tochter an. Eine andere wollte sich nur mal als Tagesmutter versuchen. Das war uns zu vage.

Schließlich kamen wir zu einer älteren Erzieherin, die in einem Reihenhaus wohnte. Alles fünfziger Jahre gestylt. Das Wohnzimmer war ein halbes Kinderzimmer, alles sehr durcheinander. Überall hingen Fotos früherer Tageskinder. Mittwochnachmittag würde immer gebastelt, für Muttertag usw. Alle Zimmer hingen voller Makramee-Werke. Sie hatte gerade ein kleines Tageskind bei sich, einen Martin, ein unheimlich dickes Kind, das aber immer lachte. Die Frau verliebte sich sofort in meine kleine Tochter und pries ständig Martin als künftigen Spielgefährten an. Über das Essen sagte sie, sie koche gerne Kohlrabi und Kartoffeln, und abends bekäme das Kind, schon seit es ein halbes Jahr alt war, richtige Butterbrote. Es war eine sehr liebe, nette Frau, aber völlig an der Zeit vorbei.

In der nächsten Runde kamen drei Frauen in die engere Auswahl. Eine junge Bewerberin schien geradezu prädestiniert. Sie wohnte in der Nähe, hatte selbst eine kleine Tochter. Zudem war sie bereits Tagesmutter für das Kind einer Nachbarin, die sehr zufrieden mit ihr war. Doch ich konnte nicht «ja» sagen. Bei ihr stand soviel Plastikspielzeug herum. Irgendwie mochte ich die Frau nicht. Was mein Mann überhaupt nicht verstand.

Eine zweite Frau war dann wider Erwarten die richtige. Sie war schon älter. Zwar hatte sie einen großen Hund, was wir als Ausschlußkriterium angesehen hatten. Aber unsere Tochter mochte den Hund sehr gern. Doch leider mußte diese Wunsch-Tagesmutter mitsamt dem Hund plötzlich wegziehen.

Die dritte kam eigentlich nicht in Frage. Sie war mir zu jung, zu wenig

«Mama». Zudem wohnte sie auf der Etage in einer Mietwohnung. Alles war so blitzsauber bei ihr. Ich dachte, ein Kinderland müsse anders aussehen, lebendiger. Doch dann stellte sich heraus, daß sie gar nicht so schlecht war. Mit ihr konnte man sich gut über Kinder unterhalten – sie hatte schließlich selbst eines, und wir hatten dieselbe Wellenlänge. Sie erwies sich sehr wohl als mütterlich, und wir haben mittlerweile ein freundschaftliches Verhältnis. Meine Tochter, jetzt 16 Monate alt, ist nun also seit einigen Monaten drei Vormittage in der Woche bei der Tagesmutter. Doch jetzt ergibt sich ein neues Problem. Sie erwartet ein weiteres Kind und ich auch. Damit wird sich alles ändern. Was werden wird, weiß ich noch nicht.

In Sabines Fall wird deutlich, daß es weniger an den Tagesmüttern, als vielmehr an ihr selbst lag, daß keine Frau «die richtige» war. Selbstkritisch merkt sie an:

Irgendwann kam ich dann doch dahinter, daß ich unbewußt nicht eine Tagesmutter für meine Tochter suchte, sondern eher einen Mutter-, besser noch Omatyp für mich. Sie sollte etwas verkörpern, was ich wohl suchte, weil meine Mutter so weit weg wohnt.

Dadurch, daß Sabine zwei unterschiedliche Anforderungsprofile bei der Suche nach der Tagesmutter im Hinterkopf hatte, konnte die Suche nur scheitern. So erklärt sich auch, warum sie eine Tagesmutter aufgrund ihrer Ordnungsliebe, eine andere wegen ihrer Unordnung ablehnt, die nächste ihr zu kinderorientiert ist, die übernächste zu wenig. Solange sie von einer Tagesmutter unbewußt die Erfüllung einer Doppelrolle fordert, kann keine dieser Frauen bestehen.

Mit einem Kompromiß kann man leben

Irene (Mutter): «Er ist ja nur an drei Vormittagen da, und deshalb ist unser Einfluß sicherlich stärker.»

Irene gab ihren Sohn Mirko mit sechs Monaten zur Tagesmutter. Sie beklagte, daß sich die Tagesmutter nicht intensiv genug mit ihm beschäftigte, als Polin nur gebrochen Deutsch sprach und mit ihr keine Gespräche über Kindererziehung möglich waren. Zudem hielt sie das Mittagessen, das ihr Sohn bei der Tagesmutter bekam – «immer nur Pommes mit Bratwürsten» –, für inakzeptabel.

Ich habe mich schon manchmal gefragt, ob es nicht eine Tagesmutter sein müßte, die begeistert mit den Kindern bastelt oder mit ihnen Türmchen baut. Und das tat Frau K. nicht. Manchmal habe ich auch überlegt, ob das so toll ist für ein Kleinkind, daß sie nur gebrochen Deutsch sprach, aber sie verstand alles, und die Kinder verstanden sie. Aber es gab keine Gesprächsebene zwischen uns. Ich habe auch immer das Gefühl gehabt, daß ich ihr die Probleme, die ich im Hinblick auf Mirko in meinem Kopf wälzte, gar nicht klarmachen konnte, daß sie das gar nicht verstand.

Irene tröstete sich über diese Defizite damit hinweg, daß sie ihren Sohn «nur an drei Vormittagen» zur Tagesmutter brachte, und vor allem mit der Gewißheit, daß der elterliche Einfluß «allemal stärker» war.

Ich hätte Mirko nicht den ganzen Tag bei ihr gelassen. Wenn ich das gemußt hätte, dann hätte ich mir eine andere Tagesmutter gesucht. Die hätte dann mehr Platz haben müssen, eine insgesamt kindgerechtere Umgebung, einfach eine Umgebung, bei der man das Gefühl hat, Kinder nehmen hier einen großen Raum ein. Und das war bei ihr nicht der Fall.

Irene hatte große Probleme, ihren Sohn «loszulassen», und auch ein schlechtes Gewissen – vor allem in der Anfangszeit. Erst nach Gesprächen mit anderen Frauen, die in einer ähnlichen Situation waren, und nachdem sie sich an einen reibungslosen Alltag mit der Tagesmutter gewöhnt hatte, ließen die Bedenken nach.

Sie gestand sich ihre stillschweigende Angst ein, ihr Sohn könne zur Tagesmutter eine enge gefühlsmäßige Bindung aufbauen:

Wenn er sich nun gar nicht gewehrt hätte, dahin zu gehen, hätte ich das auch komisch gefunden, wäre mir das auch nicht recht gewesen. So dieses Mittelding, zwar ein bißchen zu protestieren, aber nicht zu sehr, das kam mir eigentlich entgegen. Wenn er da immer freudestrahlend hingewollt hätte, so ohne jegliche Einschränkungen, dann wäre ich schon eifersüchtig geworden. Er hat so die richtige Balance gefunden. Ich war meinem Kind sehr dankbar dafür. Daß er eine emotionale Beziehung zur Tagesmutter aufbaut, dagegen hatte ich ja nichts. Ich weiß auch gar nicht, ob seine Beziehung zu der Tagesmutter so eng war. Er hat sich ohne jegliche Zeichen des Vermissens von ihr getrennt, als er in den Kindergarten kam. Ich denke, die Kinder spüren das irgendwie, daß das eine bezahlte Betreuung ist. Ich glaube, man muß das ganz realistisch sehen. Es ist ein Arbeitsverhältnis.

Ähnlich lagen die Dinge bei Sonja. Auch sie mußte Kompromisse schließen, konnte sich aber damit trösten, daß ihre Tochter ebenfalls nur an zwei Vormittagen in der Woche bei der Tagesmutter war. Ihr Hauptproblem lag in den abweichenden Erziehungsvorstellungen und -idealen – die wichtiger wurden, als Nora älter wurde. Frau C. drohte mit «Klapsen», wenn die Kinder nicht spurten, teilte in das «gute» und das «böse Händchen», bestand auf einem Mittagsschlaf für alle Kinder und vertrat insgesamt einen rigiden Erziehungsstil, der auf Autorität und nicht auf Diskussion und Auseinandersetzung beruhte. Sonja hielt sie für eine Vertreterin einer Fünfziger-Jahre-Pädagogik. Da sie selbst ein Kind dieser Zeit war, hatte Sonja andere Erziehungsideale entwickelt, über die sie sich jedoch mit Frau C. nicht austauschen konnte. Dennoch scheute sich Sonja, ihr Kind herauszunehmen. Einerseits wollte sie Kontinuität, andererseits wäre auch bei einer neuen Pflegestelle ein Scheitern nicht ausgeschlossen gewesen. So beließ sie – nicht wirklich überzeugt – alles beim alten. Das Ende des Betreuungsverhältnisses mit dem Eintritt in den Kindergarten war zudem absehbar.

Ich kam mit der Frau zunehmend weniger klar, sah, daß wir prinzipiell andere Vorstellungen von Kindererziehung hatten, über die wir uns kaum austauschen konnten. Sie verteidigte ihre Ansichten mit einer unglaublichen Selbstsicherheit und ließ nichts anderes gelten. Und Nora ist da eigentlich nie so gerne hingegangen.

Sowohl bei Irene als auch bei Sonja wird deutlich, daß sie ein schlechtes Gewissen hatten, ihr Kind wegzugeben. Bei beiden war es jedoch eine Notwendigkeit. Die klassische Zwickmühle zwischen traditioneller und moderner Frauenrolle: Eigentlich wollten sie ihr Kind nicht «wegorganisieren», weil das Kind darunter leiden könnte, andererseits war es unvermeidlich, weil sie gern wieder arbeiten wollten. Hin und her gerissen zwischen diesen beiden Polen, konnten sie die Tagesbetreuung nicht vollständig akzeptieren und mußten eine emotionale Distanz aufbauen, um mit der Situation klarzukommen. Kein Wunder, daß die Tagesmütter als personifizierte Stellvertreter der Gesamtsituation dabei nicht allzu gut wegkommen *können*. Die Versuche, sich mit den Tagesmüttern inhaltlich auseinanderzusetzen, blieben halbherzig und im Ansatz stecken. Sie *wollten* im Grunde kein enges Verhältnis zur Tagesmutter, denn das hätte Akzeptanz bedeutet. Sie sind also zwischen Baum und Borke hängengeblieben, ohne klar Position zu beziehen. Bis zum Ende blieben sie ambivalent. Ist es da ein Wunder, daß dann auch die Kinder ein distanziertes Verhältnis zu ihren Tagesmüttern hatten?

Was zuviel ist, ist zuviel

Marion (Mutter): «Sie sollte eben ein Stück Ersatz sein für das, was ich nicht bieten konnte aufgrund meiner Berufstätigkeit. Und das war wohl eine Überforderung von meiner Seite aus.»

Marion konnte letztlich nicht mit den Kompromissen leben, die sie mit der Tagesmutter eingehen mußte, und brach das Betreuungsverhältnis ab.

Ihr älterer Sohn Andreas war die ersten drei Jahre in ihrer Wohngemeinschaft gut aufgehoben, immer gab es jemanden, der Marion vertreten konnte, wenn sie an der Uni war und studierte. Später kam er in einen Kindergarten. Mit der Einschulung verließen viele Kinder die Gruppe, so daß Andreas keine Lust mehr hatte, weiter dorthin zu gehen. Eine Nachbarin bot sich an, Andreas nach der Schule zu betreuen. Doch «es ist eben etwas anderes, den nur ab und zu mal da zu haben, oder tatsächlich von mittags bis abends jeden Tag. Und da war dann von heute auf morgen Schluß bei der Frau.» Durch die Vermittlung des Jugendamtes kam Andreas dann zu einer Tagesmutter für Notfälle, bei der er schließlich geblieben ist. Er verstand sich gut mit den Kindern der Frau und ging gern dorthin.

Aber mit Beginn der 2. Klasse wurde es dann problematischer, weil die Tagesmutter es nicht schaffte, mit ihm Schularbeiten zu machen. Und ich war darauf angewiesen, daß sie das beaufsichtigte. Ich kann mit meinem Kind um 17 Uhr nicht auch noch Hausaufgaben machen. Er ging ohne Hausaufgaben in die Schule. Die Kontrolle, also das, was ich von der Tagesmutter erwartet hatte, das lief nicht. Die Tagesmutter hatte keine Zeit dazu, die hatte neben den Tagespflegekindern noch Nebenjobs, die ist noch putzen gegangen, das hat sich aber erst im Laufe der Zeit herausgestellt. Und nicht nur abends, sondern auch, wenn die Tageskinder noch da waren, die waren dann eben nachmittags auch mal allein. Sie hat dann die Verantwortung ihrem Ältesten aufs Auge gedrückt, der war damals zehn oder elf. An manchen Tagen bekamen sie dann auch fünf Mark für die Pommes-Bude.

Nicht nur, daß die Betreuung zu wünschen übrig ließ. Die Tagesmutter mischte sich dann noch in die Entscheidung ein, wie es schulisch bei Andreas weitergehen sollte:

Als Andreas nach einem Sportunfall lange in der Schule fehlen mußte, hat die Tagesmutter mit ihm darüber gesprochen, nach dem Motto, er wäre ja sowieso nicht der Hellste, und sie würde ihm nahelegen, die Klasse noch mal zu machen. Mir wurde fast übel. Wie kann man mit einem knapp zehnjährigen Kind so sprechen? Für mich war das gar keine Frage, daß er die 4. Klasse zu Ende macht und dann zur Gesamtschule wechselt. Ich habe mich also noch einmal heftig mit der Tagesmutter auseinandergesetzt, und dann ist er da nicht mehr hingegangen. Er wurde ein Schlüsselkind, und ich habe meinen Dienst so weit wie möglich verschoben, war telefonisch für ihn immer erreichbar. Das war mir zuviel, einem 10jährigen zu verticken, du bist zu dumm. Nicht in der Lage zu sein, bei ihm die Schularbeiten ordentlich zu kontrollieren, aber dann über meinen Kopf hinweg entscheiden zu wollen. Das ist ja doch wohl eine Entscheidung, die ich als Mutter zu fällen habe.

Deutlich wird, daß die Tagesmutter nach Marions Ansicht ihre Grenzen überschritten hatte und sich die «Mutterrolle» in einer Weise anmaßte, die Marion nicht akzeptieren konnte. Es kristallisiert sich jedoch auch heraus, daß es manchmal für die Tagesmütter schwierig sein kann, die richtige Balance zwischen «zuviel» und «zuwenig» Betreuung zu finden. Auf der einen Seite fordert Marion eine Schularbeitenkontrolle und beklagt die mangelnde Betreuung, auf der anderen Seite kritisiert sie, daß die Tagesmutter sich Gedanken über den weiteren Werdegang des Jungen machte.

Auch Marion konnte sich mit der Tagesmutter nicht über Erziehungsfragen auseinandersetzen:

Zu einem Gespräch war die Frau nicht fähig. Bereitschaft hat sie immer signalisiert, auch als ich mir dann Hilfe von außen geholt habe, hat sie immer gesagt, wieso, das hätten Sie doch sagen können. Aber ob ich etwas sagte oder nicht, es hat sich nichts verändert. Sie war nicht fähig, sich damit auseinanderzusetzen. Was ich wollte, war immer zuviel. Anstatt froh zu sein, daß mein Sohn betreut wurde, wollte ich dann auch noch mehr als nur eine reine Betreuung.

Andererseits sieht sie den Grundkonflikt auch bei unterschiedlichen Erziehungsstilen:

Erziehung findet aus dem Bauch heraus statt, und mein Bauch funktionierte anders als der Bauch der Tagesmutter; und es ist die Frage, inwieweit ich da hineinreden kann und damit etwas bewirke. Ich kann doch das Niveau, das ich mittlerweile in der Auseinandersetzung mit Erziehung usw. erreicht habe, nicht von dieser Frau erwarten.

Sehr viel lapidarer schildert Irma die Umstände, die zum Abbruch des Betreuungsverhältnisses führten:

Die Tagesmutter war eine ganz einfache Frau, und meine beiden Töchter sind eigentlich auch ganz gern dorthin gegangen. Aber als ich herausbekam und auch sah, daß sie meine Kinder durch Klapse auf den Po erziehen wollte, habe ich das Ganze sehr schnell beendet. Ich konnte das einfach nicht akzeptieren, daß diese Frau meine Kinder so behandelt. Es ist etwas anderes, wenn mir mal die Hand ausrutscht, als wenn eine Fremde das tut.

Auch in diesem Fall steht wieder das Thema im Mittelpunkt: Was darf die Tagesmutter, was darf sie nicht? Womit kann die Mutter leben, womit nicht? Und: Wer darf was?

Ich meine es doch nur gut

Anne Lohmann (Tagesmutter):
«Da macht und tut man, und keiner dankt es einem.»

Anne Lohmann ist Mitte 40, ein jugendlicher, schlanker Typ. Ihr Sohn ist 14 Jahre alt und hyperaktiv, insofern hat sie sich viel mit Allergien und Ernährung beschäftigt. Sie ist gelernte Erzieherin und arbeitet seit zwölf Jahren als Tagesmutter.

Zur Zeit betreut sie vier Tageskinder von 8 bis 15 Uhr, im Alter zwischen zwei und dreieinhalb Jahren, zwei Jungs und zwei Mädchen. In der Regel bleiben die Kinder bis zu ihrem dritten, vierten Lebensjahr bei ihr, dann befürwortet sie den Übertritt in den Kindergarten, da die Kinder sonst bei ihr unterfordert seien.

Sie wohnt in einem Einzelhaus mit großzügigem «Kinderspielraum», im Flur liegt eine Matratze mit Kuscheltieren, im Keller befindet sich ein großer Spielraum mit viel Spielzeug. Sie geht mit den Kindern viel auf den nahegelegenen Spielplatz und in den Garten. Auch abends stehen noch die Kinderstühlchen am familieneigenen Eßtisch.

Ihrer Aussage nach gab es in der ganzen Zeit «überhaupt keine Probleme» mit Müttern oder Vätern. Es schimmert jedoch durch, daß es Konfliktpunkte gibt. Zum Teil geht es dabei um Kleinigkeiten, die schnell aufgebauscht werden.

Mit einem Vater hatte ich mal Probleme. Der hatte mir die Schuld gegeben, daß der Junge wund war, dabei hatte er ihn schon mit einer vollen Windel gebracht. Das konnte ich nicht wissen, und wir sind gleich los zum Spielplatz. Da hat der Vater dann angerufen und sich empört. Ich habe dann gesagt, daß die Kinder bei mir ganz bestimmt nicht ständig mit vollen Windeln rumlaufen.

Läßt sich ein solches Mißverständnis einer scheinbaren Fürsorgepflichtverletzung noch relativ leicht aus der Welt schaffen, geht es im nächsten Beispiel schon um einen der wichtigsten Punkte, die das Verhältnis der Eltern zur Tagesmutter prägen: das liebe Geld.

Ein Vater meinte mal, also dieses Abwaschwasser trinkt mein Sohn nicht. Ich zahle Ihnen doch wohl genug, da können Sie doch Apfelsaft kaufen. Und da habe ich gesagt, der Apfelsaft ist total übersäuert, ohne Wasser verträgt er ihn gar nicht. Ums Geld geht es mir nicht, aber in meinem Hagebuttentee ist bestimmt mehr Vitamin C drin als in Apfelsaft.

An dieser Alltagslappalie wird vielerlei deutlich: Der Vater verlangt – wie Eltern eben so sind – natürlich nur «das Beste» für seinen Sohn. Und dafür bezahlt er schließlich auch. Aber hat man hier nicht schnell das Gefühl, der Vater möchte gern sehen, wo sein Geld bleibt? Ist es nicht genug, daß die Tagesmutter sich in seiner Abwesenheit um das Kind kümmert, es versorgt, mit ihm spielt und rausgeht? Ihm Essen kocht, die Windeln wechselt, ihm Bücher vorliest und Streit schlichtet? Kommen wir hier nicht sehr schnell zu dem alten Punkt, daß die Beschäftigung mit Kindern keine «Arbeit» bedeutet, demnach auch nicht oder kaum bezahlt zu werden braucht? Hier berühren sich zwei Frauenbilder: das Ideal der leiblichen Mutter, die sich aus Liebe für ihr Kind aufopfert, ohne Dank oder gar Geld zu erwarten; auf der anderen Seite die Frau, die sich «nur» des Geldes wegen um fremde Kinder kümmert.

In der Wortwahl des Vaters schimmert auch der herrische Arbeitgeber durch, der die Tagesmutter mit seinem Kommandoton als «seine Lohnabhängige» demütigen kann. Und Anne Lohmann blubbert nicht gegenan, sondern rechtfertigt, erklärt, versucht, sachlich zu überzeugen. Natürlich ist sie verletzt. Denn auch sie handelt zum Besten der Kinder, und ihr wird indirekt Hab- und Raffgier unterstellt. Dieses ist eines der zentralen Sandkörnchen im Getriebe des Alltags zwischen Eltern und Tagesmüttern. Wir werden darauf zurückkommen.

Auch mit unterschiedlichen Erziehungsvorstellungen hat Anne Lohmann ihre Erfahrungen. Einmal hat sie «gewonnen»:

Einen Vater hatte ich mal, wo der Junge sich nicht schmutzig machen durfte und immer den Teller leer essen mußte. Den habe ich gefragt: Hast du eine Waschmaschine, und er sagte ja. Ich wußte, daß das die richtige Pädagogik war, so mit matschen und schmutzen. Der Vater hat sich dann bei seinen Freunden umgehört und erfahren, daß das, was ich meinte, richtig war. Dann konnte er das auch eher akzeptieren, obwohl ihn das bestimmt auch manchmal gewurmt hat. Aber nachher war er dankbar dafür.

Dem Vater reichen also die Gründe, die Anne Lohmann als ausgebildete und erfahrene Erzieherin hervorbringt, nicht, sondern er muß es von «seinesgleichen» hören. Was wäre wohl gewesen, wenn sich der Vater in einem eher konservativen Umfeld bewegt hätte?

Frau Lohmann hat durch die Hyperaktivität ihres Sohnes eine besondere Sensibilität für die Entwicklung von Kindern entwickelt. Sie beobachtet genau und informiert die Mütter, wenn ihr an den Kindern etwas auffällt. Das kann sehr heikel werden:

Wenn ich so gravierende Sachen in der Motorik entdecke, versuche ich, das anzusprechen, denn ich weiß aus Erfahrung, das hängt mit der Psyche zusammen. Aber da muß man schon sehr geschickt sein mit den Eltern. Früher war ich so ganz offen und ehrlich und habe die Sachen immer gleich und sofort gesagt, und da habe ich mir oft eine eingefangen und bin gegen Windmühlen gerannt. Jetzt bin ich da gelassener und ruhiger. Ich habe es gesagt, und was sie daraus macht, ist ihre Sache. Wenn dann so gar nichts kommt in der Richtung, dann pike ich ein paar Wochen später nach und erzähle noch mal von der Situation oder empfehle ein entsprechendes Buch, in der Hoffnung, sie greift das dann auf.

Die Tagesmutter maßt sich an, mehr über das Kind zu wissen als die leibliche Mutter? Hier wird die unbewußte Konkurrenz zwischen den Frauen deutlich. Spricht sie von einem Defizit, einem Abweichen von der Norm, äußert sie damit indirekt Kritik. Sie stellt die psychisch gesunde Entwicklung des Kindes in Frage. Und wer ist in erster Linie für die Psyche des Kleinkindes verantwortlich? Die Mutter. Kein Wunder, daß Anne Lohmann da auf spontane Ablehnung trifft. Die Mütter fühlen sich verletzt, weil ihnen vermittelt wird: Du kennst bzw. siehst dein Kind nicht genau, und irgend etwas stimmt nicht. Sie erleben das als Angriff auf ihre Kompetenz und ihre Persönlichkeit. Die Tagesmutter fühlt sich ihrerseits verletzt, wenn die Mütter ihre Beobachtungen ignorieren und sie «in ihre Grenzen» weisen, obwohl sie es doch nur gut meint.

Am Beispiel von Anne Lohmann, die ihrer Aussage nach kaum Probleme mit den Eltern hat, wird deutlich, wie stark eine Tagesmutter mit Konkurrenzproblemen sowie mit der Herabsetzung ihrer Person und Meinung zu kämpfen hat.

Auch die Berliner Sozialarbeiterin Andrea kennt diese Konflikte aus ihrer Erfahrung mit Tagesmüttern:

Die Konkurrenzen haben sich in der Form ausgetobt, daß sich die Tagesmütter über die abgebenden Mütter beschwert haben: wenn die Kinder unordentlich oder schmutzig abgegeben werden, wenn Mütter ihren Kindern gegenüber viel zu offen und großzügig waren, nicht nein sagen und keine Grenzen ziehen konnten. Zu Hause ist alles erlaubt, und die Tagesmutter muß dann anfangen, mit dem Kind zu handeln. Da sagt die Tagesmutter dann, ich bin doch die Fachfrau, bin es von Beruf aus. Die Mutter ist doch noch ganz jung, und es ist ihr erstes Kind, und ich habe schon das 25. Tageskind, also muß ich das doch besser wissen.

Überall lauern Tretminen

Eva Maria Brüggemann (Jugendamt):
«Es ist ein konfliktbeladenes Feld.»

Eva Maria Brüggemann ist Sozialpädagogin uund Mitarbeiterin des Jugendamtes Kreis Stormarn in Bad Oldesloe. Sie war jahrelang für den Tagespflegestellenbereich zuständig. Sie faßt die Probleme, die sich zwischen Eltern und Tagesmüttern ergeben können, wie folgt zusammen:

Ein Dauerbrenner zwischen Müttern und Tagesmüttern ist das Thema Zeiten. Es gibt Tagesmütter, die es mit der Zeit sehr genau nehmen. Wenn eine Tagesmutter da sehr eng ist, und dann kommt da eine Mutter, die andere Vorstellungen hat und grundsätzlich zu spät kommt, dann entsteht ein klassisches Konfliktfeld. Insbesondere, wenn die Mutter aus beruflichen Gründen nicht pünktlich kommen kann. Und da gibt es unterschiedliche Toleranzen bei Tagesmüttern. Das kenne ich noch aus meiner Zeit als Seminarleiterin im Rollenspiel: Wie sagt es die Tagesmutter der abgebenden Mutter, daß sie immer unpünktlich ist? Das war der Dauerbrenner in unseren Rollenspielen.

Was natürlich auch häufig ist: unterschiedliche Erziehungsvorstellungen. Jetzt hat sich das vielleicht etwas verändert, aber zu Zeiten, wo antiautoritäre Erziehung noch in war, entstand natürlich zwischen der gestandenen Hausfrau, die klare Regeln hatte, und der Familie des Pastorensohns, der alles durfte, ein Reibungsfeld. Die Eltern wollten nicht, daß ihr Kind sanktioniert wurde. Das ist natürlich ein sehr weites Feld. Wir in der Beratung haben eigentlich immer die Auffassung vertreten, daß die leiblichen Eltern in der Lage sein müssen zu akzeptieren, daß ihre Kinder andere Regeln vermittelt bekommen. Es ist die Aufgabe der Eltern, den Kindern die Unterschiede deutlich zu machen: Hier darfst du das, und da darfst du das halt nicht.

Ein weiteres Konfliktfeld ist, daß alleinerziehende Mütter häufig sehr problembeladen sind und bei den Tagesmüttern Zuspruch und Trost suchen. Wenn die abgebende Mutter abends völlig erschöpft da ankommt und stöhnt, ach, jetzt könnte ich erst einmal einen Kaffee brauchen, dann sagt die Tagesmutter, die sich nicht abgrenzt, na, dann setz dich mal hin, und dann entwikkelt sich etwas, das die Tagesmutter später nicht zurückschrauben kann. Das gehört eben auch zur Fortbildung und zur Grundqualifikation, so etwas zu thematisieren: Wie grenze ich mich ab, wo ist mein Auftrag, und was will ich eigentlich leisten?

Ein weiteres Problemfeld ist die unterschiedliche Toleranzbreite in Sachen Krankheit: Ist der Schnupfen schon ein Grund, daß das Kind nicht kommen darf? Der Tagesmütterverband hat da ganz klare Richtlinien: Ein krankes Kind gehört nicht in die Tagespflege. Aber da muß man wirklich vorher gucken: Was ist wirklich eine Krankheit? Die Kinder haben ja immer Infekte.

Und Urlaubsgeschichten sind zu regeln, das führt auch häufig zu Konflikten.

Deutlich wird, daß jede Tagespflegebeziehung Konfliktstoffe «en masse» mit sich bringt. Zusammenfassend lassen sich also folgende Konfliktherde beschreiben:

die Mütter klagen:	**die Tagesmütter klagen:**
• die Tagesmutter akzeptiert keine kranken Kinder	• die Mütter bringen auch kranke Kinder
• durch den Job brauche ich ganz flexible Abhol- und Bringezeiten, auch mal eine Übernachtung	• ich brauche feste Zeiten, ich habe auch noch einen Haushalt/eine Familie
• die Tagesmutter hat einen ganz anderen Erziehungsstil	• die Mutter hat einen ganz anderen Erziehungsstil
• ich möchte mit der Tagesmutter mehr über meine Privatprobleme sprechen	• ich fühle mich dadurch überfordert
• ich fühle mich durch aufgebürdete Gespräche überfordert	• ich möchte mit der Mutter über meine Privatprobleme sprechen
• die soll mir nicht sagen, was das Beste für mein Kind ist	• die soll mir nicht sagen, was das Beste für ihr Kind ist
• die Tagesmutter leistet zuwenig (individuelle) Erziehungs-/Betreuungsarbeit	• die Mutter bürdet mir Pflichten auf, die eigentlich sie erfüllen müßte

Neid, Eifersucht, Konkurrenz – das sind die unsichtbaren Zutaten des großen Beziehungskuchens, sie gestalten den heimlichen Bauplan und geben der Beziehung häufig die innere Dynamik. Offen verhandelt wird nur, was scheinbar sachlich ist, die emotionale Seite bleibt oft ausgeblendet. Vor allem Konflikte über das Essen eignen sich dazu vorzüglich. Und die gibt es, ob offen angesprochen oder nicht, wohl in jedem Tagespflegeverhältnis. Da wird die Schokolade zum Todesvirus hochstilisiert oder zum süßen Leckerle nach aufgegessener Mahlzeit verharmlost. Wer in Tagen, in denen BSE Schlagzeilen macht, Rindfleisch auf den Tisch bringt, kann nur ein Kinderhasser sein.

Wie diese mannigfaltigen Fallstricke im störungsanfälligen Beziehungsgeflecht Mutter-Tagesmutter-Kind erkannt und umgangen werden können, soll im nächsten Kapitel dargestellt werden.

Damit alles gut läuft, muß die Chemie stimmen

Tagespflege – das ist etwas ganz Tolles, sagten wir am Anfang. Und dann zeigt sich, daß es so leicht doch nicht ist. Ganz im Gegenteil. Nichts ist normiert, kein Verhältnis gleicht dem anderen. Es gibt mindestens soviel Anlaß zum Ärger wie Gründe zur Zufriedenheit. Einerseits ist es ein höchst privates Verhältnis, bei dem es um das «Schutzwürdigste» geht, das wir haben: unser eigenes Kind – oder das uns anvertraute. Und gleichzeitig geht es um eine quasi-öffentliche Dienstleistung, ein Arbeitsverhältnis, bei dem der eine zahlt und der andere «verdient». Die Szene ist sehr komplex und diffus, aufgeladen zudem durch unbewußte Ideale und Konflikte.

Dennoch gibt es Wege, «sich» zu verstehen. Mit den folgenden Überlegungen wollen wir zum Gelingen einer Tagesbetreuung beitragen. Dabei gilt es, verschiedene Phasen und Aspekte zu beachten, die wir nun etwas näher beleuchten wollen, um sowohl den Tagesmüttern als auch den abgebenden Müttern ein ausreichendes Rüstzeug mit auf den Weg zu geben, den Alltag mit Fremdbetreuung möglichst problemfrei zu meistern.

Die Grundsatzentscheidung: Fremdbetreuung ja oder nein?

Sich seiner selbst sicher sein

Eines wissen alle Tagesmütter, mit denen wir gesprochen haben: Je positiver die Mutter dazu eingestellt ist, ihr Kind fremdbetreuen zu lassen, desto problemloser gestaltet sich die Tagespflege von Anfang an.

Auch im vorhergehenden Kapitel ist es schon angesprochen worden: Mütter, die die Fremdbetreuung eher als ein ungeliebtes «Muß» ansehen, haben mehr emotionale Probleme, mit der Situation fertig zu werden, als diejenigen, für die eine Tagesmutter die selbstverständliche Basis darstellt, wieder arbeiten «zu dürfen». Je sicherer sich eine Mutter ihrer Entscheidung für Fremdbetreuung ist, je mehr sie mit sich im reinen ist, das Richtige zu tun, wenn sie wieder arbeiten geht und ihr Kind für einige Stunden weggibt, desto weniger Probleme sind zu erwarten – auch auf seiten des Kindes.

Man sollte gerade in diesem Zusammenhang daran denken, wie eng und intuitiv die Verbindung zwischen Mutter und Kind ist. «Mit der Muttermilch eingesogen» kann sicherlich auch wortwörtlich verstanden werden. Wer hat es nicht schon erlebt, daß Säuglinge auf die Stimmungen der Mutter stark reagieren, ohne daß sie «verstehen», worum es geht.

Die 1. Vorsitzende des Hamburger Tagesmutter- und -vätervereins e.V., Susanne Lappöhn, arbeitet seit sieben Jahren als Tagesmutter. Sie schildert ihre Erfahrungen:

Alles wird schwierig, wenn Eltern ein schlechtes Gewissen haben, wenn sie das Kind zur Tagesmutter geben. Die Einstellung dazu überträgt sich auf das Kind. Wenn die Eltern bei der Übergabe nervös sind oder auch Angst haben – denken Sie mal an den Angstschweiß –, dann spürt das Kind das und reagiert dementsprechend mit Schreien. Der Trennungsschmerz ist in diesem Fall auch als Bestrafung der Eltern zu verstehen.

Diese subjektive Erfahrung wird auch durch die Ergebnisse einer Pilotstudie der Essener Universität zum Thema «Tagesbetreuung durch Tagesmütter» gestützt, in der 35 Personen befragt wurden:

Aus unserem Material schälen sich nur wenige «gelungene» Betreuungsverhältnisse heraus – die sich allesamt dadurch auszeichnen, daß die Mutter sich selbst eher als «Subjekt mit eigenem Wollen» innerhalb der Beziehung und nicht als «Anhängsel» des Kindes akzeptiert.

So plausibel das auch alles klingen mag: Es ist leichter gesagt als getan. Diejenigen, die wirklich arbeiten wollen und in ihrer Entscheidung «ruhen», vermitteln dies auch ihrem Kind. Was aber ist mit denen, die zwischen schlechtem Gewissen und eigener Neigung hin- und hergerissen sind, die ihre Entscheidung für den Job als Widerspruch zum Idealbild der aufopferungsvollen Mama erleben?

Wenn man von diesem Ideal abweicht, braucht man ein starkes Selbstbewußtsein. Entweder «hat» man es, oder man braucht Unterstützung, um eine entsprechende Haltung aufzubauen.

Mit der inneren Einstellung «Kind, es tut mir leid, ich WILL ja eigentlich nicht (ich bin doch eine gute Mutter), aber ich MUSS dich zeitweise loswerden (und mich wie eine Rabenmutter verhalten)» signalisiert man dem Kind seine innere Zerrissenheit; Handeln und Denken sind im Konflikt, Kopf und Bauch driften auseinander. Und das teilt sich dem Kind intuitiv mit.

Wir wissen mittlerweile: Fremdbetreuung unter guten Bedingungen ist für Kinder nicht schädlich, sie werden weder den Eltern entfremdet, noch in ihrer gesunden Entwicklung beeinträchtigt. Auch unterschiedliche Erziehungsstile begreifen Kinder in der Regel schnell und wissen sehr wohl zu unterscheiden, wie welcher Hase wo läuft.

Erinnern wir uns daran, daß unser heutiges Mutterideal nicht unbedingt die letzte Weisheit über «die wahre Natur der Mutter-Kind-Beziehung» darstellt, sondern auch ganz andere Formen der Mutterrolle und -liebe möglich waren und sind. Im Moment leben wir in großer Unsicherheit, wie Familie und Beruf zu vereinbaren sind und was nun richtig ist. Die klassischen Erziehungsinstitutionen wie Kindergarten oder Schule wissen es auch nicht wirklich besser. Diese objektive Unsicherheit auszuhalten, ist schwer. Daß Mütter von ihren Männern in solchen Fragen gern allein gelassen werden, erhöht die Belastung natürlich.

Beide Elternteile sollten sich einig sein, den richtigen Schritt zu tun, um in eventuellen Krisenzeiten auf derselben Seite zu stehen. Ein irgendwann geäußertes «Na, ich war ja nie so recht damit einverstanden, das Kind schon so früh wegzugeben» hilft später nicht weiter. Im Gegenteil. Väter sollten sich an der Entscheidungsfindung intensiv beteiligen – und Mütter auch auf ihre Männer hören, die nicht im selben Ausmaß wie sie im «mütterlichen Gefühlssumpf» stecken. (Die Frau muß allerdings voll hinter der Entscheidung stehen können, denn schließlich wird sie es in den allermeisten Fällen sein, die die widerstreitenden Gefühle aushalten muß.)

Der Erfahrungsaustausch mit anderen Müttern, die ihre Kinder in Fremdbetreuung gegeben haben, bietet eine Fülle von Anregungen und Tips und zumeist auch die Gewißheit, daß man mit seinen Gefühlen nicht allein dasteht. Immer so zu tun, als habe man mit sich und seinem Kind alles «im Griff», hilft nicht weiter. Im Gegenteil: nur wer seine eigenen Zweifel thematisiert, wird feststellen, daß andere, wenn sie ehrlich sind, ähnlich fühlen. Es gibt schließlich nichts Schlimmeres als Eltern, die immer alles richtig machen, und Kinder, die immer «ganz toll» sind. Dazu Irene:

Mir haben Gespräche mit anderen Müttern geholfen, die die Erfahrung schon seit ein, zwei Jahren gemacht haben. Und als eine Kollegin dann sagte, ja, das ist wirklich ein Gefühl, als ob man sein Kind verkauft, da habe ich gedacht, gut, so ist es, und wenn das anderen auch so geht und die Kinder das trotzdem offenbar unbeschadet überstanden haben, dann wird das so schlimm nicht sein. Eine andere Mutter erzählte, bei ihrem Kind hätte es auch immer Phasen gegeben, wo er geweint hätte, das käme immer mal wieder. So mit zweieinhalb wäre dann auch eine Mama-Phase gekommen, wo er da nicht hin wollte. Aber das sei nach sechs Wochen wieder vorbeigegangen. Und da habe ich gedacht, ach, wenn das anderen auch so geht und deren Kinder auch immer mal so Zeiten haben, wo sie nicht wollen oder rumbrüllen, dann wird sich das auch wieder geben. Und so mit dieser Gelassenheit habe ich das Ganze dann auch laufen lassen.

Eine Mutter, die sich fröhlich von ihrem Kind verabschiedet und es mit einem guten Gefühl zur Tagesmutter bringt, signalisiert ihm damit: Es ist alles in Ordnung! Eine Mutter hingegen, die sich aus schlechtem Gewissen kaum von ihrem Kind trennen kann und zögert wegzugehen, vermittelt: Ich bin unsicher und ängstlich. Dieses Gefühl überträgt sich natürlich auf das Kind, dem damit die Trennung schwergemacht wird. Anne Lohmann erzählt:

Je schlechter die Mutter loslassen kann, desto schlechter kann auch das Kind loslassen, das hängt miteinander zusammen, das ist gekoppelt. Die Mütter, die hier morgens lachend in der Tür stehen und sagen «Viel Spaß!» und schwupp sind sie weg, da ist alles kein Problem. Eine Mutter blieb morgens noch länger hier in der Tür stehen, und je länger sie blieb, desto öfter sagte die Kleine dann «Mama, Hand, Hand», desto schwieriger wurde es für die Kleine loszulassen. Ich habe dann die Mutter gefragt: «Ist dir aufgefallen, je länger du hier in der Tür stehst, desto schwieriger wird es.» Und dann hat sie das geändert und hat sich in den nächsten Tagen ganz schnell verabschiedet, und das Thema war durch. Ein Vater hat vormittags immer noch ganz lange dabeigesessen, und da habe ich zu ihm gesagt: «Sie können noch vier Monate hier sitzen und wenn Sie dann gehen, ist es auch dasselbe.»

Hat man sich entschlossen, sein Kind zu einer Tagesmutter zu bringen, kann man schon vorher entsprechende «Abnabelungsschritte» üben. Das Loslassen lernen, die Erfahrung machen, daß auch andere das Kind gut versorgen können, hilft, später den großen Schritt zu tun. Wenn man sein Kind stundenweise dem Vater überläßt, um endlich einmal wieder ins Kino zu gehen, oder zur Oma bringt, um in Ruhe einkaufen zu können, erfährt man, wie es einem ohne das Kind geht und wie groß das Vertrauen in andere bereits ist oder eben noch nicht ist. Wer damit schon Probleme hat, muß an sich arbeiten, damit es «später» auch klappen kann. Dazu Andrea:

Also man kann allen Eltern nur raten, sich wirklich frühzeitig mit so einer Tagespflegesituation zu beschäftigen, auch was es heißt, das eigene, erste, kleine Kind einer anderen Frau anzuvertrauen. Und die hat dann soviel Nähe zu meinem Kind. Jede Mutter sollte probieren, ob sie ihr Kind an Vater oder

Oma abgeben kann. Ob das schon möglich ist. Und wenn dann schon der Vater in ihren Augen alles falsch macht, dann kann die Tagesmutter supergut sein, die Mutter wird sie immer kritisieren.

Ein anderes Anzeichen dafür, daß man sein Kind eigentlich nicht in fremde Hände geben möchte, ist die ergebnislose Suche nach der «idealen Tagesmutter». Sabine, die 30jährige Kunsterzieherin, hat insgesamt 25 Tagesmütter «besichtigt». Keine gefiel ihr, an jeder gab es etwas auszusetzen. Einmal behagte ihr die Einrichtung nicht, dann störte sie das viele Plastikspielzeug. Hier waren keine anderen Kinder vorhanden, dort zu viele. Die Unterbringung im Spielkeller oder in einer Mietwohnung war nicht genehm, etliche wohnten zu weit entfernt. Bei einer war es zu sauber, bei einer anderen zu schmuddelig. Offenbar hat ihr latent schlechtes Gewissen dazu geführt, daß, weil sie eben keine Rabenmutter sein wollte, nur noch eine Traum-Tagesmutter in Frage kam. Die aber gibt es nicht.

Die Lösung aller emotionalen Probleme kann natürlich auch die zeitweilige Annahme der Vollzeit-Mutterrolle sein, auch wenn die Umgebung flüstert: Frauen wie du müßten doch eigentlich wieder arbeiten. Wer allerdings mit dem Fulltime-Job «Mutter» innerlich unzufrieden ist, sich schnell ausgelaugt und matt fühlt und – ohne dies zu wollen – vielleicht sogar dem Kind die Schuld dafür gibt, der ist gut beraten, so früh wie möglich gegenzusteuern. Helfen kann auch das Wissen darum, daß unsere Kinder nicht nur die zerbrechlichen kleinen Wesen sind, als die sie oft dargestellt werden. Zum Glück können sie – mit aller gebotenen Einschränkung – mehr vertragen, als wir ihnen meistens zutrauen.

Kurzum:

1. Lernen und üben Sie frühzeitig das «Loslassen» Ihres Kindes, indem Sie es zeitweise seinem Vater, einer Freundin oder den Großeltern überlassen. Prüfen Sie, wie es Ihnen dabei geht.

2. Versuchen Sie, sich Ihrer Entscheidung für die Tagesbetreuung ganz sicher zu werden und zu bleiben.

3. Holen Sie sich ggfs. Unterstützung in Gesprächen mit dem Vater des Kindes und/oder anderen Frauen in der gleichen Situation.

4. Hören Sie auf Ihre innere Stimme, lassen Sie sich von Verwandten, Freunden oder der «öffentlichen Meinung» nichts einflüstern.

Gegenseitige Akzeptanz

Um sein Kind in Fremdbetreuung zu geben, muß man natürlich ein positives Bild von der Person haben, der man sein Kind anvertraut. Andersherum sollte natürlich auch die Tagesmutter die Entscheidung und die Motivation der abgebenden Mutter gutheißen, damit es im Alltag zwischen den beiden Frauen klappt.

So selbstverständlich und simpel diese Forderung auch klingt: Genau in diesem Punkt liegt oft «der Hund begraben». Denn jede der beiden beteiligten Frauen leistet mit ihrer Entscheidung auf der einen Seite Verzicht, um dadurch auf der anderen Seite einen Wunsch realisieren zu können.

abgebende Mutter	**Tagesmutter**
«verzichtet» auf ihr Kind	«verzichtet» auf Arbeit im gesellschaftlich anerkannten Sinn bzw. auf ihren vorher ausgeübten Job
erfüllt sich den Wunsch zu arbeiten	erfüllt sich den Wunsch, bei ihrem Kind zu bleiben

Tagesmutter und abgebende Mutter entscheiden sich also «diametral entgegengesetzt». Beide Frauen stehen vor demselben Dilemma – Job oder Kind –, wählen jeweils «die andere Seite» und verkörpern damit genau das, was die andere selbst auch gern (gehabt) hätte. Die Mutter, die ihr Kind abgibt, lebt der Tagesmutter vor, was sie hätte haben können, und umgekehrt. Der Lebensentwurf der anderen wird «eigentlich» abgelehnt, obwohl beide aufeinander angewiesen sind. Eine Folge dieser Spannung ist der Neid, Neid auf beiden Seiten, der oft unausgesprochen mitschwingt. Andrea:

Die abgebenden Mütter sind neidisch auf die Tagesmütter, die den ganzen Tag mit den Kindern zusammensein dürfen, die es so leicht haben, mit den Kindern einfach rumtüdeln, bei schönem Wetter den ganzen Tag auf den Spielplatz gehen können. Andersherum beneiden viele Tagesmütter die abgebenden Mütter: Während sie selbst fürchterlich isoliert sind, gehen die Mütter zu ihren tollen Jobs und verdienen eventuell auch noch sehr viel Geld.

Aus der sozialpsychologischen Forschung kommt der Ausdruck der «kognitiven Dissonanz», die jeder Mensch zu vermeiden versucht, damit er mit sich im reinen leben kann. Dieser Terminus bezeichnet zum Beispiel jenen Zustand, in dem die eine Wahlmöglichkeit (Job) das Gegenteil der anderen, ebenfalls reizvollen Option (beim Kind bleiben) bedeutet. Da dieser Widerspruch als unangenehm erlebt wird, versucht man, die «Dissonanz zu reduzieren», d. h., man entscheidet sich, indem man sich von einer der beiden Alternativen überzeugt, sie sich «schönredet». Man sucht und sammelt Gründe, die die Entscheidung rechtfertigen, sowie überzeugende Argumente, die einem selbst (und anderen) plausibel, logisch und folgerichtig erscheinen.

Auf unser Thema bezogen bedeutet das, daß die Mutter überzeugende Gründe findet, wieder arbeiten zu gehen und ihr Kind deshalb in Fremdbetreuung zu geben. Die Tagesmutter findet aus demselben Dilemma einen Weg, indem sie gute Argumente für die Entscheidung sammelt, bei ihrem Kind zu bleiben. Die Gefahr liegt nahe, die andere Wahlmöglichkeit (und damit die andere Frau) «niederzureden» und abzuqualifizieren, um die eigene Entscheidung als richtig zu bestätigen und damit die «Dissonanz zu reduzieren».

Und nun treffen diese beiden Frauen aufeinander. Kein Wunder, daß es nun leicht zu Spannungen kommen kann und daß sie häufig ein sehr distanziertes Verhältnis zueinander haben. Nur daß das eben für das Kind nicht gut ist.

Die Tagesmutter und Vorsitzende vom Tagesmütter- und -väter-Verein in Hamburg, Susanne Lappöhn, faßt zusammen:

Auf die Tagesmütter wird herabgesehen, dabei opfern die sich teilweise ziemlich auf. Häufig wird unterschätzt, daß das ja auch Arbeit ist und nicht nur: «Na, habt ihr schön gespielt?» Daß das Arbeit ist, wird gern verdrängt, nach dem Motto: Die paßt ja sowieso auf ihr eigenes Kind auf, da ist sie das alles ja gewöhnt. Diese Einstellung trifft man häufig an. Das ist so ähnlich wie das Hausfrauenproblem. Das bißchen Haushalt ... das ist eine Einstellung, die immer noch weit verbreitet ist. Auch viele Frauen und abgebende Mütter fallen in diese Denkweise zurück. Gesehen wird: Das ist eine junge Mutter, die selbst wegen ihres Kindes zu Hause bleibt und sich ein bißchen Taschengeld dazuverdient. Das entspricht aber nicht der Realität. Häufig wird den Tagesmüttern auch unterstellt, daß sie es nur des Geldes wegen machen.

Aber auch auf seiten der Tagesmütter können Vorurteile herrschen:

Tagesmütter denken – in der extremsten Form –, sie bekommen das Kind einer Rabenmutter, so eine Art Waisenkind. Das Vorurteil gegenüber den abgebenden Müttern ist, daß sie zeigen, daß sie Kinder bekommen können, sich dann aber eigentlich nicht mehr damit auseinandersetzen wollen.

Die Essener Universitätsstudie bringt das Problem auf den Punkt:

Offensichtlich ist, daß sich die Beziehung von Mutter und Tagesmutter in besonderem Maße für die Spaltung in «gute Mutter» und «böse Mutter» anbietet, was sich in Aussagen von Müttern und Tagesmüttern vereinfacht so darstellt: «Die Tagesmutter tut etwas für ihre Kinder.» Es kommt zur Überhöhung des Mutterideals. (...) «Die abgebende Mutter tut etwas für sich.» (...) In scheiternden Tagesbetreuungsverhältnissen akzeptieren Tagesmütter die Berufstätigkeit der Mütter nur mit Einschränkung (und auch die Mutter ist der Meinung, daß es für das Kind besser sei, wenigstens die ersten drei Lebensjahre zu Hause zu bleiben). Die Mütter kritisieren die völlige Verfügbarkeit und Abhängigkeit der Tagesmütter.

Wenn man sich auf beiden Seiten des Dilemmas bewußt ist, daß Mutter und Tagesmutter die entgegengesetzten Pole desselben Entscheidungskampfes zwischen «idealer Mutter» und «arbeitender Mutter» verkörpern und keine leicht aus «ihrer Rolle» heraus kann, können die Weichen für eine gegenseitige Akzeptanz schon im Vorfeld gestellt werden, damit die Tagesbetreuung gelingt.

Am Anfang sollten beide Frauen einsehen, daß sie mit großer Wahrscheinlichkeit verschieden sind: in ihren Rollen, ihren Vorverständnissen, ihren Ansichten, ihrem Wissen, ihrem Bedürfnis nach Nähe und Distanz, ihren Lebensentwürfen, ihrer Sicht auf die Welt bis hin zum Umgang mit dem Kind. Diesen Umstand *nicht* als bedrohlich zu empfinden, darin liegt wohl das Geheimnis der meisten guten Tagespflegeverhältnisse.

Abschließend dazu Susanne Lappöhn, die Vorsitzende vom Tagesmütterverein in Hamburg:

Das Wichtigste ist, daß Tagesmutter und Mutter sich gegenseitig akzeptieren und respektieren. Oft führen vorgeschobene Gründe zum Abbruch der Tagespflege. Man kann sich nicht offen kritisieren. Über Gefühle zu reden, die konfliktträchtig sind, ist sehr schwierig, das wissen wir auch. Aber es muß sein, damit Klarheit herrscht. Klarheit zwischen Mutter und Tagesmutter, sonst wird der Konflikt zwischen ihnen auf dem Rücken der Kinder ausgetragen. Z. B. kann zwischen Tagesmutter und Mutter große Eifersucht herrschen, und zwar beidseitig. Im schlimmsten Fall versucht jede, dem Kind die bessere Mutter zu sein. Dann entsteht die Gefahr, gegeneinander zu konkurrieren, wie es bei Elternteilen der Fall ist, wenn sie anfangen, um die Gunst der Kinder zu buhlen. Das Kind muß das Gefühl haben, daß beide Mütter miteinander können. Die Kinder spüren die Einstellung der Eltern zur Tagesmutter.

Kurzum:

1. Jede Entscheidung – sein Kind fremdbetreuen zu lassen oder andere Kinder aufzunehmen – ist gut und richtig, wenn man dahintersteht. Keine ist «besser» als die andere. Vermeiden Sie diese «Denkweise» und seien Sie froh, daß es die andere Frau gibt, denn ohne sie könnten Sie Ihren Plan nicht verwirklichen.

2. Akzeptieren Sie den Teil in sich, der die andere Frau ein Stück weit beneidet. Nur wenn Sie sich der Gründe für Ihre Gefühle bewußt sind, können Sie konstruktiv damit umgehen und Ihre sicherlich immer mal wieder auftretenden Frustgefühle in die richtige Bahn lenken und brauchen sie nicht an der anderen Frau auszulassen.

Das liebe Geld

An der finanziellen Seite im Tagesbetreuungsgeschäft lassen sich viele Probleme festmachen. Daß über Geld ganz andere, nämlich emotionale Aspekte abgehandelt werden, davon können Scheidungsanwälte und Familienrichter ein Lied singen. Denken wir noch einmal an den Vater, der das «Abwaschwasser» (den Hagebuttentee) für seinen Sohn nicht akzeptabel fand, sondern meinte, für sein Geld Apfelsaft einklagen zu können.

Ein typischer Satz für Mütter:

Eine Tagesmutter, die es vor allem des Geldes wegen macht, käme für mich nicht in Frage.

Warum eigentlich nicht? Sehr vieles, wenn nicht alles, wird in unserer Gesellschaft des Geldes wegen gemacht – womit noch nichts über die inhaltliche Qualität einer Leistung gesagt ist. Auch Erzieher und Lehrer verdienen ihren Lebensunterhalt durch den Umgang mit Kindern, ohne auch nur annähernd in den Ruch zu kommen, geldgierig zu sein.

Andersherum klingt es aus der Sicht einer Tagesmutter so:

Einige Mütter gucken ziemlich auf das Geld. Die lassen ihre Kinder nicht bei mir über Mittag schlafen, um das Geld zu sparen. Aber wenn ich das höre, was die sich leisten können: Urlaub, neue Kleider usw. Das kann ich mir nicht leisten! Aber an den Kindern wollen sie sparen! Die Mütter sehen zum Teil nur, daß wir jetzt dieses schöne Haus gekauft haben mit dem großen Garten. Das ist eben etwas, das viele von ihnen nicht haben. Einige Mütter denken bestimmt, daß sie uns das jetzt alles finanzieren. Und da kommt es schon zu Neid und spitzen Bemerkungen mir gegenüber.

Sollte man sich nicht eigentlich eher freuen, daß Tausende von Frauen sich etwas dazuverdienen und sich damit auch ein bißchen von der Lohntüte ihres Mannes emanzipieren können? Doch die Vorstellung, daß «Mütterliches» nicht gelernt werden muß und eine jede «erziehen» kann, deshalb die Entlohnung das unterste Niveau nicht zu überschreiten habe, sitzt tief.

Tagesmutter ist ein Beruf. Auch wenn diese Tätigkeit zu Hause stattfindet, «nur» die Betreuung von Kindern umfaßt und ohne Zertifikat auszuüben ist – was in unserer Gesellschaft schlecht angesehen ist. Aber so wie jeder andere Beruf auch verdient er Bezahlung. Und damit steht es bis heute nicht zum Besten, wie Susanne Lappöhn mit einigem Recht betont:

Es bleibt einfach nicht viel Geld übrig. Da machen sich viele etwas vor. Jede Putzfrau wird besser bezahlt, die bekommen ja bis zu DM 15 pro Stunde. Und wir bekommen so ca. 5 Mark pro Kind und Stunde. Jeder vergißt dabei, daß man als Tagesmutter auch mehr Versicherungen für die Kinder haben muß, daß man seine Wohnung viel öfter renovieren muß, daß die Teppichböden nur noch halb so lange halten, man mehr Seife, Toilettenpapier usw. braucht. Na, und dann kocht man eben auch für alle Kinder jeden Tag alles frisch. Es gibt Berechnungen, wonach netto ein Stundenlohn von 1,51 Mark pro Kind dabei herauskommt.»

Dazu paßt eine nicht ganz unwichtige Beobachtung. In der Hamburger Untersuchung zur Lage der Tagesmütter wurden beide Seiten befragt, ob sie der Meinung seien, Tagesmütter würden für ihre Arbeit genügend Geld verdienen. Vorweg dies: Alle Experten sind der Meinung, daß die offiziellen Sätze für Tagesmütter beschämend niedrig sind. Und so schätzten es auch die Tagesmütter ein: 84,8 Prozent, also fast alle, waren der Meinung, das vom Jugendamt gezahlte Pflegegeld sei zu niedrig. Dagegen hielten 54,8 Prozent der Eltern das vom Amt gezahlte Pflegegeld für «angemessen». Dies deutet darauf hin, daß viele Eltern den Wert der Arbeit einer Tagesmutter nicht sehr hoch schätzen.

Manche Eltern kümmern sich auch erst in letzter Sekunde um die Zuschüsse vom Jugendamt. Die Tagesmutter Rosalie:

Viele stellen die Anträge viel zu spät. Das dauert ja, bis das alles bearbeitet ist. Ich bekomme das Geld zwar, aber eben oft erst ein halbes Jahr später. Daß ich aber jeden Monat auf das Geld angewiesen bin, daran denken viele oft nicht.

Kurzum:

1. Kinderbetreuung ist Arbeit.
2. Arbeit wird bezahlt (regelmäßig und pünktlich).

Die Entscheidung für die «richtige» Tagesmutter

Der Idealfall: Per Zeitungsinserat oder vom Hörensagen hat sich eine Frau gefunden, die bereit ist, ein Kind aufzunehmen, und die schon am Telefon einen guten Eindruck macht.

Man tritt mit dem Kind in die Tür, findet helle, freundliche Räume vor, eine fröhlich spielende Kinderschar und eine nette Tagesmutter, der die Sympathien von Vater, Mutter und potentiellem Tageskind spontan zufliegen. Im lockeren Gespräch stellt man fest, daß man, was sowohl Erziehungs- als auch Ernährungsstil anbelangt, auf der gleichen Wellenlänge liegt. Die zeitlichen Vorstellungen passen ideal zusammen, auch die Zusammensetzung der bereits vorhandenen Kindergruppe nach Alter und Geschlecht paßt genau für das neue Kind. Schnell ist man sich einig und vertraut sein Kind dieser Frau gern an.

So kann es laufen – auch in der Realität. Doch oft wird die Entscheidung für eine bestimmte Tagesmutter von Kompromissen und Zufällen beeinflußt.

Die Auswahl an Tagesmüttern ist vielfach begrenzt. Zum einen durch das zur Zeit herrschende Angebot am Wohnort. Zum anderen durch die Anforderungen, die die abgebenden Eltern an die Gegebenheiten bei einer Tagesmutter stellen.

Horrorgeschichten über Tagesmütter sind nicht selten. Andrea, selbst Mutter von drei Kindern, ist Sozialarbeiterin und war zwölf Jahre lang zuständig für die Vermittlung und Prüfung von Tagesmüttern. Sie schildert einen krassen Fall:

Ein Kollege hatte eine Frau als Tagesmutter eingesetzt, die angeblich früher auch schon mal ein Tageskind gehabt hatte. Sie war mittleren Alters und eher einfachen Gemüts. Ich war neu in dem Bezirk und besuchte sie nun nach einem halben Jahr, wie es die Routine vorschrieb. Ich bin da also völlig unbeleckt hin und stoße auf eine Tagespflegesituation, die mir förmlich die Sprache verschlagen hat. Ich traf auf eine 58jährige, sehr ungepflegte Frau. Sie saß auf einem Sofa, mit vielen plüschigen Kissen um sich herum, auf dem Tisch davor lagen die Zigaretten, da stand der Aschenbecher, drumherum ihre Kreuzworträtselhefte. Und die saß da und war ungeheuer nett. Sie war überhaupt nicht verängstigt wegen der Prüfungssituation, hat sich sehr natürlich gegeben – die konnte wahrscheinlich gar nicht anders, weil sie sehr einfach strukturiert war. Aber das große Problem war, daß sie ein einjähriges Kind als Tagespflegekind hatte, acht Stunden am Tag. Und dieses Kind spielte da unten auf dem Fußboden vor diesem Tisch, hatte da auch sein Spielzeug, so Plastikspielzeug. Und am Eingang zum Zimmer standen so ganz ekelhafte, verkrustete Freßnäpfe für Hund und Katze, ganz unappetitlich, und alles war so ein bißchen plüschig, wie so bei einer alten Mutti zu Hause. Die Bude war völlig verraucht, die Vorhänge gelb, und sie hatte so eine ganz tiefe, versoffene Stimme. Ich habe immer nur gedacht, das kann doch nicht wahr sein. Ich hatte seit zwölf Jahren Tagesmütter überprüft, aber so etwas hatte ich noch nie erlebt. Diese Frau war so einfach gestrickt, daß sie der deutschen Sprache nicht mächtig war, verwechselte die Artikel usw. Und ich saß da und habe immer überlegt: Was hat der da gemacht, mein Kollege? Das Kind war absolut angetan von dieser Tagesmutter, die hatte auch so eine ganz frische, emotionale Art mit dem Kind, hat es geknuddelt und mit ihm geschmust. Die hat höchstwahrscheinlich überwiegend auf diesem Sofa gesessen, hat gequalmt und Kreuzworträtsel gelöst, und das Kind hat um sie herumgespielt. Sie ist ganz herzlich gewesen und emotional ganz warm. Aber keine Sprachförderung, alles verqualmt, keine intellektuelle Förderung, aber halt emotional stimmte das. Das Kind war ganz vertraut mit dieser Frau. Dann hat sie mir gezeigt, was sie für das Kind gekocht hatte, das war irgend so eine graubraune Brühe, es war schrecklich. Ich bin dann zurück in meine Dienststelle und habe den Kollegen angerufen und gefragt: Wie können Sie diese Frau als Tagespflegemutter einsetzen? Ja, sagt er, die ist doch so nett. Und es stellte sich heraus, er kennt sie, weil sie auf dem gleichen Grundstück ihre Wohnwagen zu stehen haben. Ja, die äußeren Umstände, das wisse er auch, aber die sei doch so nett, Frau Kollegin. Und da war ich wirklich im Zwiespalt. Einerseits hatte der Kollege dieser Frau die Tagespflegestelle durch Vetternwirtschaft vermittelt, andererseits erwarte ich von einer Tagespflegestelle auch eine gewisse Förderung der Kinder neben aller Wärme. Denn das Kind geht da unter Umständen acht Stunden hin, und das soll ja auch ein gewisser Ersatz für den Kindergarten sein, wo die Kinder ab einem gewissen Alter gefördert werden. Und diese Frau wird sicherlich nur gesagt haben: Schön hast du das Türmchen gebaut, nun mach mal noch eins, und dann hat sie das nächste Kreuzworträtsel gemacht. Dazu war sie auch körperlich noch sehr gebrechlich, die konnte mit dem Kind nicht spielen, sich nicht auf den Fußboden hocken, die hatte irgendwelche Hüftgeschichten und konnte auch gar nicht richtig laufen. Die abgebende Mutter habe ich mir dann auch mal angesehen, und die war ganz einverstanden mit allem da, die war ganz froh um diese unkomplizierte Frau. Die hat sie nicht angepikst, die hat ihr nichts Böses gesagt, die hat ihr das Kind abgenommen, es geherzt und gesagt: Tschüs, Mädchen, nun geh schön arbeiten. Und die ist dann wahrscheinlich mit einem guten Gefühl weggegangen. Und ich habe als einzige in diesem ganzen System von Jugendamt, Mutter, Tagesmutter und Kind fassungslos davorgestanden und gesagt: Das geht eigentlich nicht!

An dieser Fallgeschichte wird deutlich, daß es keine allgemeingültigen Regeln für die Auswahl einer Tagesmutter gibt. Sträuben sich der Sozialarbeiterin vom Jugendamt sämtliche Nackenhaare angesichts der gravierenden Mängel, so scheint die abgebende Mutter durchaus zufrieden mit der Tagesmutter zu sein, und das Kind ist glücklich bei ihr.

Worauf beruht also die Entscheidung für eine bestimmte Tagesmutter? Sie findet einfach aus dem Bauch heraus statt, aus einem spontanen Gefühl von gegenseitiger Sympathie.

Stimmt die erste Akzeptanz, ist der Grundstein gelegt, alle weiteren Vereinbarungen und Gegebenheiten abzuklopfen und zu besprechen. «Ich sage immer, die sollen ihre Tagesmütter lieber nicht mit dem Kopf, sondern mit dem Bauch aussuchen», lautet das Credo Sabine Isufis von der Tagesmutterbörse in Hamburg. Gerade Mittelschichteltern, die viel über Kinder gelesen hätten und mit einem ganzen Kopf voll Theorie kämen, würden es anderen, aber auch sich selbst manchmal schwermachen. Barbara Lenk von der Tagesmutterbörse:

Was die Kinder betrifft, gibt es oft eine unglaubliche Ängstlichkeit. Man traut denen gar nichts zu. Gerade die sogenannten Alternativen oder auch «etablierte Eltern der Mittelschicht» legen ungeheuer viel in die Pädagogik, als ob die Kinder automatisch verkorkst würden, wenn da mal ein Spielzeugpanzer durch das Wohnzimmer rollt. Und auch Mädchen werden nicht automatisch zu Barbiepuppen, wenn sie mal mit Barbiepuppen spielen.

«Objektive» Regeln für die Auswahl einer Tagesmutter aufstellen zu wollen, macht wenig Sinn, sind doch die Ansprüche der Mütter so individuell wie sie selbst. Wenn Eltern in die Tagesmütterbörse in Hamburg-Altona kommen und fragen, welche Tagesmutter für ihr Kind richtig ist, müssen die Sozialarbeiterinnen passen. «Dann sagen wir den Eltern: ‹Wir können Ihnen das nicht beantworten, das ist völlig subjektiv. Was dem einen gefällt, findet der andere grauslich.›»

Während Irene in der Tagesmutter am liebsten «ihre Doppelgängerin» sucht, will Andrea eher das Gegenteil. Sie plädiert für einen anderen Erfahrungshorizont, der sich dem Kind bei der Tagesbetreuung bietet und von dem es profitieren und lernen kann. Es gibt auch Mütter, die ganz bewußt nach Tagesmüttern suchen, die ihre «Mankos» auffüllen. So mag eine nachgiebige Mutter gerade auf eine Tagesmutter fliegen, die stark auf Regeln und Grenzen setzt, oder auf eine, die die Kinder auch mal spontan anpfeift. Kühle «Kopf-Frauen» suchen möglicherweise eine warme «Bauch-Frau». Chaotische Frauen fühlen sich eventuell von einem «ordentlichen Haushalt» angezogen.

Sympathie ist also die Voraussetzung für alle weiteren Schritte. Wer jedoch die Märchenfrau sucht, wird nur Schiffbruch erleiden. Sabine Isufi von der Tagesmutterbörse in Hamburg begegnet immer wieder Eltern mit überzogenen Vorstellungen:

Wenn jemand sein Kind stets zu wechselnden Zeiten bringen und abholen möchte, dann aber noch erwartet, daß möglichst viele Kinder in der Gruppe sind, daß die Tagesmutter täglich einige Stunden mit den Kleinen rausgeht, daß sie täglich frisch mit Zutaten aus dem Reformhaus kocht, dann kann dies keine Tagesmutter erfüllen.

Daß alles perfekt ist, gibt es nicht. Andrea empfiehlt, Prioritäten zu setzen und die verschiedenen Beziehungsebenen auseinanderzuhalten, aber auch ganz genau hinzugucken, ob es klappen könnte:

Man muß von dem Anspruch runter, daß alles stimmt. Es stimmt nie alles. Aber vom Grundgefühl her muß es stimmen. Wenn ich denke, die hat was von meiner Schwiegermutter, die ich nicht ausstehen kann, dann kommt eventuell die Schwiegermutter in diese Beziehung hinein, die da gar nichts zu suchen hat. Aber es kann immer sein, daß die Frau grüne Sofakissen hat und du haßt Grün, aber das ist egal, das spielt keine Rolle für das Kind. Letztendlich mußt du dich auf dein Gefühl verlassen. Wenn man beim ersten Kontakt zur Tagesmutter auch nur einen Anflug von Zweifel hat, dann sollte man weitersuchen. Wenn man zu schnell jemanden braucht, aus einer Notsituation heraus, dann macht man Abstriche und sagt, das eine gefällt mir nicht, aber alles andere schon, dann wird dieses eine, was einem zu Anfang schon nicht gefallen hat, todsicher irgendwann zum Streitpunkt. Also lieber länger suchen, als sich zu schnell entscheiden.

Zuviel Sympathie kann jedoch auch problematisch sein. Andrea:

Häufig kommt es zu heftigen emotionalen Konflikten, wenn sich beide zu Anfang viel zu schnell angefreundet haben, ohne sich eigentlich zu kennen, und ihren Abstand zueinander relativ schnell aufgeben. Gefahr besteht immer dann, wenn sich alle von Anfang an vordergründig einig sind, so nach dem Motto: Es gibt keine Konflikte und auch keine Unterschiede. Aber das ist nicht so, es gibt immer Unterschiede, auch wenn das geleugnet wird, im Umgang, in der Erziehung, im Denken.

Aus ähnlichen Gründen warnt Barbara Lenk von der Tagesmutterbörse in Hamburg davor, jemanden aus der näheren Bekanntschaft zur Tagesmutter «umzufunktionieren» – so verlockend diese Möglichkeit auf den ersten Blick auch erscheinen mag: Man mag sich, hat Vertrauen zueinander, das Kind kennt und mag die Frau usw.:

Wenn zu uns jemand kommt und sagt, ich habe eine Tagesmutter gefunden, unsere Nachbarin oder eine Bekannte oder eine Freundin, und die will das jetzt machen, dann bin ich zuerst ein bißchen skeptisch. Ich habe oft erlebt, daß sich besagte Bekannte nicht klargemacht hat, wie anstrengend es ist, kontinuierlich, also auch vor Weihnachten, bei Regen oder Unpäßlichkeit oder Streß mit dem Ehemann Tagesmutter zu sein. Da haben wir hier schon viele Freundschaften auseinandergehen sehen.

Marion scheute intuitiv einen allzu engen Kontakt zur Tagesmutter:

Privaten Kontakt zur Tagesmutter habe ich prinzipiell nicht gewünscht. Das ist so ein ganz gefährlicher Boden, denn wenn es auf der privaten Ebene nicht mehr funktioniert, was dann? Von daher halte ich eine gewisse Distanz für ganz wichtig. Was ich mir gewünscht hätte und was ich auch o.k. finde, ist so beim Bringen und Abholen, kommen Sie doch noch auf eine Tasse Kaffee rein, und dann erzählen, was war, wie der Tag war.

Trotz aller notwendigen Distanz muß natürlich Sympathie zwischen den Frauen herrschen. Es ist und bleibt ein Drahtseilakt, die richtige Balance zwischen Distanz und Nähe zu finden. Darüber hinaus müssen natürlich auch viele äußere Gegebenheiten stimmen. Diese Punkte sind in der «Checkliste» im Anhang kurz aufgeführt, zum einen, damit man keinen vergißt, zum anderen, damit man sich darüber Gedanken machen kann, wie wichtig sie einem tatsächlich sind.

Die Entscheidung für eine bestimmte Tagesmutter nimmt den Eltern niemand ab. Nicht einmal mehr ein «staatlich geprüft» hilft letztendlich weiter. Hat jemand dieses Zertifikat oder auch eine Qualifikation erworben, hat man damit jedoch ein Indiz für ein gewisses Engagement. Andererseits gibt es jede Menge Tagesmütter, die auch ohne amtlichen Stempel hervorragende Arbeit leisten.

Also: Abgebende Mutter und Tagesmutter müssen sich ein gerüttelt Maß an Sympathie entgegenbringen. Die Losung: «Hauptsache, das Kind findet sie nett» greift zu kurz und überfordert das Kind. Denn es spiegelt primär die Mutter, seinen einzigen Orientierungspunkt. Keine Mutter kann sich aus der Verantwortung für die Entscheidung stehlen, denn ihr Verhältnis zur Tagesmutter entscheidet letztlich über den erfolgreichen Verlauf der Betreuungskarriere.

Andrea, unsere Sozialarbeiterin, plädiert dafür, die Tagesmutter erst einmal allein zu besuchen, um die schon erwähnte und so wichtige Grundsympathie zu überprüfen. Ist sie nicht gegeben, muß weitergesucht werden. Warum soll man sein Kind mit fünf oder sechs potentiellen Tagesmüttern konfrontieren, wo man doch in erster Linie selber gucken muß, ob es einem gefällt. Weiter empfiehlt Andrea,

lieber öfter mal kurz zu gucken, so eine Stunde. Mal vormittags, mal mittags, mal nachmittags vorbeigehen – natürlich nicht unangemeldet. Da hat man dann immer wieder einen anderen Eindruck und kann den ersten überprüfen, ob der noch standhält. Das gilt auch für die Tagesmütter. Ich habe immer davon abgeraten, hinzugehen und einen ganzen Tag dazubleiben, dann wird man so eingelullt. Tagesmütter, die sich das verbitten, kommen eben nicht in Frage. Wenn die dieser Situation und mir gegenüber schon so eng sind, wie eng sind die dann meinem Kind gegenüber – in einer unkontrollierten Situation? Öfter mal gucken, das ist auch schon der Anfang der Eingewöhnung.

Abschließend soll noch einmal Susanne Lappöhn zitiert werden:

Für die abgebenden Mütter muß klar sein: Ihr sucht euch jetzt mit der Tagesmutter eine Verwandte, die ihr nicht wieder loswerdet. Die ist im Kopf des Kindes auf jeden Fall immer vorhanden. Die Kinder nennen die Tagesmutter ja auch oft «die andere Mama». Die Entscheidung für eine Tagesmutter und insbesondere, welche gewählt wird, hat eine große Tragweite.

Hat man sich für eine bestimmte Tagesmutter entschieden, sollte man diejenigen, die man – aus welchen Gründen auch immer – nicht nimmt, rechtzeitig davon unterrichten. Das gebietet nicht nur die Höflichkeit, so Tagesmutter Karola:

Es kommt bei mir immer wieder vor, daß interessierte Mütter hier sitzen, ich mit ihnen klöne, wir das Gespräch mit einem «Wir hören voneinander» beenden, und ich höre nie wieder von denen. Das finde ich ein bißchen schade. Es kann ja durchaus sein, daß es Mißverständnisse gab, die man ausräumen könnte, wenn ich wüßte, worauf die Negativentscheidung beruht. Manchmal ist es richtig problematisch, wenn sich zwei Anmeldungen überschneiden und ich die eine Seite hinhalten muß, weil ich nicht weiß, wie die andere entscheidet. Und die meldet sich dann überhaupt nicht.

Kurzum:

1. Die Entscheidung für eine bestimmte Tagesmutter ist so individuell wie die abgebende Mutter.

2. Es sollte eine spontane Grundsympathie zwischen den Frauen herrschen als Basis für ihre «Kooperationsbeziehung», die Raum für Gespräche und – wenn nötig – Kritik bietet.

3. Feste Regeln für die Auswahl kann es deshalb nicht geben. Gleichwohl können und sollten bestimmte Aspekte bedacht und besprochen werden (s. Checkliste).

4. Die Suche nach einer Tagesmutter sollte sehr früh beginnen. Unter Umständen kann es dauern, bis man die richtige findet.

5. Wer sich für keine Tagesmutter entscheiden kann, wen überall irgend etwas stört, sollte sich selbst noch einmal prüfen, ob er überhaupt zur Abgabe des Kindes bereit ist.

Kinder als Entscheidungshilfe?

Sicher starren viele Mütter auch auf ihre Kinder beim Besuch einer potentiellen Tagesmutter, warten auf ein Zeichen, das ihnen die Entscheidung abnehmen oder erleichtern könnte. Nun sind aber viele Kinder noch in einem Alter, in dem es ihnen schwerfällt, sich entsprechend zu äußern. Irene war trotzdem dankbar, als sich Mirko mit den beschränkten Mitteln, die ihm mit seinen sechs Monaten zur Verfügung standen, positiv äußerte:

Er hat sie sehr nett angelächelt. Also sie lächelte, und Mirko lächelte, und das spielte für uns damals eine Rolle. Er ging auch zu ihr auf den Schoß, ohne sich groß zu wehren. Du lauerst ja auf jedes Zeichen, das von dem Kind kommt, du kannst es ja nicht fragen.

Irene war damals nicht klar, was für Andrea auf der Hand liegt:

Und dann sollte man sich angucken, wie das eigene Kind reagiert, denn man ist noch so symbiotisch mit ihm verbunden, daß das Kind manchmal die Gefühle ausdrückt, die man selbst gegenüber der Tagesmutter hat.

Kinder spiegeln die Einstellung ihrer Mutter wider. Geht eine Mutter nur widerstrebend auf Suche nach einer Tagesmutter, sollte sie sich nicht wundern, wenn ihr Kind überall an ihr klebt. Andererseits gibt es natürlich auch unterschiedliche Temperamente bei den Kindern. Die einen klammern generell, die anderen können gar nicht schnell genug von der Mutter wegkommen.

Sicher beruhigt es ungemein, wenn das Kind sich gleich auf den Schoß einer Tagesmutter setzt. Es kann sogar feste Vorsätze der Mütter ins Wanken bringen. So gab es den Fall einer Mutter, für die eine Pflegestelle mit Hund von vornherein ausschied. Und dann kam sie zu einer Frau mit einem großen Hund, größer als ihre Tochter. Die Frau war sympathisch, und die Tochter hatte keinerlei Angst vor dem Hund. Damit waren die Würfel gefallen.

Die letzte Entscheidung sollte allerdings dem eigenen Gefühl vorbehalten bleiben. Gerade Kinder, die weniger spontan sind und etwas schüchtern in der Ecke sitzen, würden sonst ihrer Mutter völlig falsche Zeichen geben. Und Kinder sind mal guter, mal schlechter Laune, ihre Stimmung schwankt mit Müdigkeit oder Hunger – mit der Tagesmutter hat dies oft nichts zu tun.

Wenn von Kindern die Rede ist, sind natürlich nicht nur die eigenen gemeint. Schließlich geben wir ein Kind auch zur Tagesmutter, weil es dort Spielgefährten finden soll. Die einfache Gleichung: gleichaltriges Kind = guter Spielgefährte, muß aber nicht immer richtig sein. In einem solchen Fall können nämlich Eifersuchts- und Rollenkonflikte auftreten, die für alle Beteiligten enormen Streß bedeuten. Ältere Tagespflegekinder, die Mutters «Job» bereits begreifen, sind manchmal sogar von Vorteil.

Auf jeden Fall lohnt ein Blick auf die bereits vorhandene Tageskindergruppe und auf die Kinder der Tagesmutter. Gefällt einem die Spielgruppe, sind die eigenen Kinder nach eigenem Ermessen «wohlgeraten», kann das bei der Entscheidungsfindung helfen.

Kurzum:

1. Kinder können den Eltern die Entscheidung nicht abnehmen.
2. Sie können aber helfen.
3. Ein Blick auf die bereits betreuten Tageskinder und die eigenen Kinder der Tagesmutter kann Anhaltspunkte liefern.

Die Eingewöhnung

Zu einer Tagesmutter in eine fremde Umgebung gebracht zu werden, bedeutet für ein kleines Kind einen riesengroßen Einschnitt mit all dem damit verbundenen Streß und der einhergehenden Verunsicherung.

In erster Linie denkt man bei «Eingewöhnung» daran, daß sich das Kind an die neue Situation gewöhnt. Das ist auch richtig, nur: der Weg zu einer erfolgreichen Eingewöhnung läuft primär über die Mutter. Kraß gesagt: Hat die Mutter die Tagesmutter in ihrem Alltag erlebt, können beide Frauen sich besser kennenlernen und ein Vertrauensverhältnis aufbauen. Erst dann ist die Mutter in der Lage, ihr Kind «loszulassen» und ihm zu signalisieren, daß «alles in Ordnung» ist. Die Gefühle der Mutter teilen sich dem Kind mit. Umgekehrt wird kein Schuh draus. Eine verunsicherte, verängstigte Mutter kann lange darauf warten, daß ihr Kind von sich aus freudig auf die Tagesmutter und die Situation zugeht und sich dort wohl fühlt. Die Mutter ist das Modell seiner Welt, was sie ihm vorlebt und vermittelt, ist für es ausschlaggebend. Eine «eigene Meinung» wird es erst später entwickeln – und auch das nur auf der Basis dessen, was die Eltern ihm als Lebensgrundlage vermittelt haben.

Am ersten Tag bleibt man meistens die ganze Zeit mit dem Kind da, am zweiten läßt man es vielleicht schon mal eine Stunde allein bei der Tagesmutter, am nächsten zwei usw. Andere Tagesmütter bevorzugen den «Sprung ins kalte Wasser», also Kind abgeben und dann nichts wie weg.

Es hat sich mittlerweile gezeigt, daß das «Minimalprogramm» und schon gar nicht der abrupte Übergang für einen gelungenen Einstieg bei der Tagesmutter geeignet sind. Heutige Empfehlungen laufen vielmehr auf einen detaillierten Einführungskurs hinaus. Viele Berater orientieren sich an einem Modell, das vom Infans-Institut in Berlin entwickelt wurde. Der Grund dafür, daß so viele Kinder mit der Tagespflege nicht zurechtkamen, lag in erster Linie in der unzureichenden Eingewöhnung. In der Broschüre *Ohne Eltern geht es nicht* halten Hans-Joachim Laewen, Beate Andres und Eva Hedervari – die «Eingewöhnungs-Gurus» von Infans – die Schritte fest, die ihrer Meinung nach für eine «gute Eingewöhnung» nötig sind.

Die Autoren, die die Ergebnisse eines Forschungsprojekts auswerteten, das 1984/85 an der Freien Universität Berlin durchgeführt wurde, beobachteten, daß die Art der Eingewöhnung, insbesondere in den ersten Lebensmonaten, die allgemeine und die gesundheitliche Entwicklung der Kinder in den ersten Jahren einer Tagesbetreuung erheblich beeinflußt.

Auf eine gute Qualifikation der Tagesmutter sei besonders dann zu achten, wenn die Tagesbetreuung «im ersten Lebensjahr des Kindes beginnt und länger als 4 Stunden täglich andauert». Ein häufiger Wechsel der Betreuungspersonen sollte unter allen Umständen vermieden werden, «da hier eine der Hauptursachen für ungünstige Entwicklungen zu liegen scheint».

Kernpunkt ihres Modells ist die Beteiligung der Eltern am Prozeß der Eingewöhnung:

Über die Hilfe hinaus, die die Anwesenheit eines Elternteils in dieser Situation für das Kind darstellt, bietet eine solche Beteiligung der Eltern an der Eingewöhnung ihrer Kinder die Chance, die Beziehung zwischen Tagesmutter und Eltern von vornherein als Kooperationsbeziehung zu definieren, denn ohne die Eltern kann die Aufnahme der Kinder nicht «fachgerecht» geleistet werden. Für den späteren Umgang und die Vertrauensbeziehung zwischen Eltern und Tagesmutter schafft eine solche Einladung an die Eltern gleich zu Beginn der Tagesbetreuung des Kindes die besten Bedingungen.

Der Aufenthalt bei einer fremden Person und in einer fremden Umgebung bedeutet für jedes Kind eine große Herausforderung:

Es muß sich an neue Situationen, einen veränderten Tagesablauf und an die tägliche mehrstündige Trennung von den Eltern gewöhnen. Diese Veränderungen fordern dem Kind Lern- und Anpassungsleistungen ab, die auch für ältere Kinder mit erheblichem Streß verbunden sein können.

Wie schwer fällt es z. B. selbst uns Erwachsenen noch, Unsicherheiten und Anpassungsschwierigkeiten zu bewältigen, wenn wir einen neuen Job annehmen. Wieviel leichter wäre es, hätten wir eine Freundin oder einen Bekannten zur Seite, zu dem oder der wir uns kurz zurückziehen könnten, um zu entspannen oder unsere Fragen beantworten zu lassen.

Hans-Joachim Laewen und seine Kollegen sind zwar der Meinung, daß

auch sehr kleine Kinder durchaus in der Lage sind, sich an neue Umgebungen und Situationen anzupassen, aber: Kinder im Krippenalter sind überfordert, wenn sie diese Umstellung ohne Unterstützung durch ihre Eltern bewältigen müssen. Besonders gefährdet sind in einer solchen Situation Kinder, die zwischen dem 7. und dem 24. Lebensmonat in Krippen oder Tagespflegestellen aufgenommen werden. Es muß deshalb als ein Mangel in der Qualität einer frühen Tagesbetreuung angesehen werden, wenn die Beteiligung der Eltern am Eingewöhnungsprozeß ihrer Kinder nicht ein fester Bestandteil der pädagogischen Konzeption der Krippe oder Tagespflegestelle ist.

Bei der Eingewöhnung selbst müssen die Eltern nicht viel tun.

Ihre bloße Anwesenheit im Raum genügt, um für das Kind ein «Nest», einen «sicheren Hafen» zu schaffen, in den es sich jederzeit zurückziehen kann, wenn es sich überfordert fühlt.

Die Anwesenheit der Eltern ist deshalb so wichtig für das Kind, weil es zu Mutter und Vater bis zum Alter von ca. sechs bis sieben Monaten seine sogenannte Bindungsbeziehung aufgebaut hat, das heißt, es sucht insbesondere dann die Nähe seiner Eltern – und nicht irgendwelcher Erwachsener –, wenn es mit Situationen allein nicht zurechtkommt. Und nur diese Menschen können es in diesem Fall beruhigen und trösten.

Werden z. B. Kinder im ersten oder zweiten Lebensjahr durch etwas Unerwartetes erschreckt oder irritiert, zeigen die meisten Kinder sogenanntes «Bindungsverhalten», d. h., sie versuchen durch Weinen oder Rufen, durch Nachfolgen, Arme aufheben, Anschmiegen, Anklammern und ähnliche Verhaltensweisen körperliche Nähe zu einer «Bindungsperson» herzustellen oder aufrechtzuerhalten. Wichtig ist in einer solchen Situation, wenn das Kind die Nähe einer Bindungsperson sucht, daß das Kind nicht gedrängt wird, sich wieder zu lösen. In diesem Fall würden Mutter oder Vater in der Regel das genaue Gegenteil erreichen, nämlich erneutes Bindungsverhalten. Ruhiges Abwarten, bis sich das Kind von allein wieder der Umgebung zuwendet, ist hier die beste (und schnellste) Methode.

Fehlen Mutter oder Vater bei der Eingewöhnungszeit, ist das Kind mit der Situation überfordert und jammert nach Mutter oder Vater, die als einzige in der Lage sind, es beruhigen und trösten zu können.

Die Gefahren, die von einer unzureichenden Eingewöhnung ausgehen, sind ebenfalls erforscht worden und bestehen darin, daß diese Kinder

in den ersten sieben Monaten ihres Krippenbesuchs bis zu viermal länger wegen einer Erkrankung fehlten, zu Beginn ihrer Krippenbetreuung deutlich weniger Gebrauch von den Möglichkeiten der neuen Umgebung machen konnten und in stärkerem Maße ängstliches Verhalten an den Tag legten. Darüber hinaus wiesen die Kinder in diesen Fällen häufiger Irritationen in ihrer Bindungsbeziehung zur Mutter und einen geringeren Entwicklungsstand auf.

Kleine Ursache – große Wirkung also. Um den Aufbau der neuen Bindungsbeziehung zur Tagesmutter zu ermöglichen, ist die elterliche Anwesenheit zwingend erforderlich.

> Das Kind baut, und das mag manche Mutter und manchen Vater zunächst schmerzhaft berühren, innerhalb kurzer Zeit zu seiner ... Tagesmutter eine zumindest bindungsähnliche Beziehung auf, so daß ... die Tagesmutter nach einiger Zeit die Funktion der «sicheren Basis» für das Kind ... übernehmen kann ... Die Tagesmutter kann nun das Kind trösten, wenn es weint. Erst wenn das Kind eine Beziehung dieser Art aufgebaut hat, kann es auf die Anwesenheit seiner Eltern in der ... Tagespflegestelle verzichten.

Auch Laewen und seine Kollegen sprechen an dieser Stelle die weit verbreitete Befürchtung an, das Kind könne durch die Bindung an die Tagesmutter seinen Eltern entfremdet werden. Doch auch sie kommen zu dem Ergebnis, daß diese Ängste völlig unbegründet sind. Vater und Mutter bleiben die wichtigsten Bezugspersonen für das Kind, das durchaus in der Lage ist, seine Nächsten in eine emotionale Rangfolge zu bringen. Alle Eltern erleben dies, wenn ihr Kind z. B. krank wird und dann in verstärktem Maße Kontakt zur engsten Vertrauten (meist die Mutter) sucht und sich kaum noch von anderen trösten läßt.

In ganz konkreten Schritten sieht das Eingewöhnungsmodell von Infans so aus:

- Die Dauer der Eingewöhnung beträgt in den meisten Fällen ca. 14 Tage, einige Kinder brauchen drei Wochen, andere sechs Tage. Weniger als sechs Tage werden auf jeden Fall als zu kurz angesehen. Wie lange ein Kind braucht, gibt es durch sein Verhalten zu erkennen. Ängstliche Kinder brauchen länger, mutige können ihre Eltern schneller gehen lassen.
- Es sollte möglichst nur ein Kind pro Woche aufgenommen werden, damit die Tagesmutter dem «Neuen» genügend Aufmerksamkeit widmen kann und die Situation – auch mit den begleitenden Müttern – nicht zu unübersichtlich wird.
- Für die ersten Tage genügt es, mit dem Kind nur für ein oder zwei Stunden zu kommen.
- Setzen Sie sich am besten in eine stille Ecke und seien Sie einfach

da. Drängen Sie das Kind nicht zu einem bestimmten Verhalten, sondern überlassen Sie ihm die Gestaltung der Kontaktaufnahme und Annäherung.

- Eine Warnung: «Lassen Sie sich dabei nicht durch die Fröhlichkeit und Gelassenheit Ihres Kindes zu der Ansicht verleiten, Ihre Anwesenheit sei gar nicht notwendig. Ihr Kind wirkt so unbeschwert, weil Sie dabei sind. Sein Verhalten würde sich in den meisten Fällen sofort ändern, wenn Sie während der ersten Tage fortgingen.»
- Keine Trennungsversuche in den ersten drei Tagen! «Auch wenn Sie den Raum nur kurz verlassen wollen, nehmen Sie Ihr Kind mit. Die einzige Ausnahme von dieser Regel bildet ein kurzer Trennungstest, der am ersten Tag durchgeführt werden kann und nicht länger als drei Minuten dauern darf. Die ersten drei Tage scheinen für die Eingewöhnung des Kindes eine besonders wichtige Rolle zu spielen und sollten nicht durch eine Trennung von Ihnen belastet werden.»

Danach können sich Mutter oder Vater zunächst für kurze, dann längere Zeiträume verabschieden, sollten jedoch «greifbar» bleiben. «Wenn Ihr Kind weint, wenn Sie den Raum verlassen, gehen Sie trotzdem hinaus, bleiben aber in der Nähe der Tür. Wenn die ... Tagesmutter das Kind nicht innerhalb von wenigen Augenblikken beruhigen kann, kehren Sie wieder in den Raum zurück.»

- Füttern und wickeln Sie Ihr Kind auch in der neuen Umgebung, «um Ihrem Kind die Gelegenheit zu geben, diese ihm von zu Hause vertrauten Aktivitäten auch mit seiner neuen Umgebung in Verbindung zu bringen».
- «Unterstützen Sie das Interesse des Kindes an der Tagesmutter und blockieren Sie nicht den Zugang des Kindes zu ihr ... Wenn Sie es nicht zulassen, wird es Ihr Kind sehr schwer haben, eine Beziehung zur Erzieherin aufzubauen. Sprechen Sie freundlich zur ... Tagesmutter. Ihr Kind wird es registrieren und entspannter an die neue Situation herangehen.»
- «Die Eingewöhnungszeit ist abgeschlossen, wenn die ... Tagesmutter Ihr Kind im Ernstfall trösten kann. Das muß nicht heißen, daß Ihr Kind nicht mehr weint, wenn Sie sich nach dem Bringen von ihm verabschieden ... Wenn das Kind weint, wenn Sie gehen wollen, so

drückt es damit aus, daß es Sie lieber ... dabei hätte, und das ist sein gutes Recht. Es wird sich jedoch nach Abschluß der Eingewöhnungszeit von der ... Tagesmutter beruhigen lassen, wenn Sie gegangen sind.»

- Hat sich Ihr Kind Ihrer Ansicht nach und nach Meinung der Tagesmutter gut eingewöhnt, gehen Sie zum «Alltag» über. Dehnen Sie die Eingewöhnung nicht länger als nötig aus, damit tun Sie dem Kind keinen Gefallen.
- Es empfiehlt sich, das Kind zumindest in den ersten Wochen nur halbtags abzugeben. Es braucht all seine Energie, um mit den neuen Verhältnissen klarzukommen, und die sind oft nach einem halben Tag schon restlos aufgebraucht.
- Lassen Sie sich zeitlich Luft für die Eingewöhnung. Es kann vieles dazwischenkommen, z. B. kann das Kind oder Sie oder die Tagesmutter krank werden. Zudem sollten Sie während der ersten vier bis sechs Wochen der Kinderbetreuung noch zur Verfügung stehen für besondere Streßsituationen, in denen Ihr Kind doch noch nicht ohne Sie auskommt.
- Hat das Kind insbesondere Probleme, sich von der Mutter zu trennen, ist zu überlegen, ob in diesem Fall der Vater die Eingewöhnung übernimmt.
- Kuscheltiere oder Schmusetücher von zu Hause können dem Kind die Abwesenheit der Eltern erleichtern.
- «Gehen Sie bitte nicht fort, ohne sich von Ihrem Kind zu verabschieden. Sie setzen das Vertrauen Ihres Kindes zu sich aufs Spiel und müssen damit rechnen, daß Sie Ihr Kind nach solchen Erfahrungen nicht aus den Augen läßt oder sich ‹vorsichtshalber› an Sie klammert, um Ihr unbemerktes Verschwinden zu verhindern.»
- «Wenn Sie sich von Ihrem Kind verabschieden, halten Sie bitte diesen Abschied kurz und ziehen Sie ihn nicht unnötig in die Länge. Sie würden Ihr Kind mit einem solchen Verhalten nur belasten.»
- «Sollte sich Ihr Kind auch nach einer Eingewöhnungszeit von drei Wochen noch nicht von der ... Tagesmutter trösten lassen, sollten Sie sich prüfen, ob Sie nicht das Kind ‹festhalten›. Wir wissen aus mehreren Untersuchungen, daß eine ablehnende Haltung der Eltern gegenüber der ... Tagespflegestelle eine Eingewöhnung fast unmög-

lich machen kann. Ihr Kind nimmt diese Haltung wahr und macht sie zur Grundlage seiner Beurteilung der Situation ... Sprechen Sie in diesem Fall mit der ... Tagesmutter oder der Beraterin im Jugendamt. Ein Aussprechen der Sorgen oder Vorbehalte hat hier schon Wunder gewirkt.»

Weil die Phase der Eingewöhnung so wichtig ist, soll sie noch einmal kurz zusammengefaßt dargestellt werden:

1. Die Eingewöhnung dauert meistens zwei Wochen. Planen Sie trotzdem insgesamt vier bis sechs Wochen für die erste Phase der Fremdbetreuung ein.
2. Länger als ein bis zwei Stunden brauchen Sie an den ersten Tagen nicht bei der Tagesmutter zu verbringen.
3. Seien Sie einfach da, Ihre reine Anwesenheit reicht.
4. Lassen Sie Ihr Kind tun, was es will. Wenn es klammern will, lassen Sie es klammern. Erst wenn es «genug» geklammert hat, kann und wird es sich der neuen Umgebung zuwenden.
5. Keine Trennungsversuche vor dem vierten Tag!
6. Die Eingewöhnung ist abgeschlossen, wenn sich das Kind von der Tagesmutter trösten läßt. Tränen beim Abschied sind normal.
7. Verabschieden Sie sich von Ihrem Kind, verschwinden Sie nicht einfach. Halten Sie den Abschied kurz.
8. Lassen Sie Ihr Kind nach der Eingewöhnung möglichst für ein paar Wochen nur halbe Tage bei der Tagesmutter.
9. Gibt es gravierende Probleme bei der Eingewöhnung, sollten Sie Ihre innere Einstellung zur Fremdbetreuung überprüfen. Sind Sie «eigentlich» dagegen, kann Ihr Kind keinen positiven Zugang zu der Situation bekommen.

Sollte der Abschied beim Bringen kurz und knapp sein, um es allen Beteiligten zu erleichtern, kann es beim Abholen ganz anders aussehen. Frau Lappöhn erzählt:

Die Abholphase ist sehr wichtig, auch für das Kind. Das muß in Ruhe erfolgen, die Mutter kann und sollte auch dableiben, bis das Kind von sich aus soweit ist zu gehen. Eine Mutter habe ich, die ist manchmal bis zu zwei Stunden noch zusammen mit ihrem Kind hier, bis ihr Kind von sich aus signalisiert, daß es gehen möchte. Der andere Fall, daß das Kind sofort nach Hause will, ist aber auch o.k.

Der Alltag mit seinen Problemen

Auch nach erfolgreicher Eingewöhnung und wenn die «Chemie» im großen und ganzen stimmt, kann es immer wieder zu Problemen zwischen Mutter und Tagesmutter kommen. Bei einer Mutter schleift sich vielleicht ein, daß sie ihr Kind immer später als vereinbart abholt, bei einer anderen, daß sie die Morgenhygiene ihres Kindes gern auf die Tagesmutter abschiebt. Oder eine Tagesmutter geht nach Meinung der Mutter zu wenig mit den Kinder raus, kocht immer das gleiche, setzt die Kinder zuviel vor den Fernseher usw.

Wichtig ist in solchen Fällen, daß man miteinander redet. Das ist leicht gesagt – aber oft schwer getan. Einerseits haben beide Seiten häufig Angst, den anderen durch Kritik zu verletzen und damit die Beziehung zu gefährden, andererseits muß Offenheit herrschen. Es ist allemal besser, Probleme gleich anzusprechen, als sie sich über längere Zeit aufstauen zu lassen. Das kann in emotionale Sackgassen führen, die nur durch den Abbruch der Tagesbetreuung zu lösen sind: ein Ausgang, der vermieden werden sollte. Susanne Lappöhn dazu:

Es ist ganz wichtig, daß Mütter und Tagesmütter über ihre Gefühle reden können. Die Mütter müssen aussprechen können, was sie fühlen, z. B. wenn sie ihr

Kind abgeben, welche Ängste sie da haben oder wie schwer es ihnen fällt. Andererseits muß es einfach so sein, daß auch die Tagesmutter mal Dampf über ein Kind ablassen kann und daß das dann von der Mutter auch akzeptiert wird. Wenn sie sagt: «Dein Kind war heute die reinste Nervensäge, hat dies und das kaputtgemacht, das war fast schon nicht mehr zum Aushalten», dann darf die Mutter das nicht auf sich beziehen, sondern sollte es so sehen, wie es gemeint ist: nur als Dampfablassen. Dafür muß eine Basis da sein.

Vieles hängt dabei sicherlich von der Art und Weise ab, wie die Kritik vorgebracht wird. Hier ist natürlich Fingerspitzengefühl gefragt. Niemand sollte sich bloßgestellt fühlen, niemandem dürfen generell die Kompetenzen abgesprochen werden. Pauschalurteile helfen am wenigsten.

Die weitverbreitete Angst übrigens, die Tagesmutter könne ihren Zorn über die Kritik einer abgebenden Mutter an deren Kind «auslassen», hat sich als unbegründet herausgestellt – laut Abschlußbericht des Deutschen Jugendinstituts zum Modellprojekt «Tagesmütter».

Ohne hier auf die vielen, vielen Ratschläge-Bücher nach dem Motto «Ich und du im konstruktiven Dialog» eingehen zu wollen, gibt es sicherlich einige «Faustregeln», die in solchen Situationen hilfreich sein können. So erscheint es am unverfänglichsten, sogenannte «Ich-Botschaften» zu formulieren, die den anderen nicht sofort überfallen, sondern ihm die Chance geben, aus einer gewissen Distanz zu reagieren und die Dinge ruhiger an sich heranzulassen.

So klingt es wesentlich angenehmer, wenn jemand sagt: «Ich habe das Gefühl, daß die Kinder bei Ihnen manchmal etwas häufig vor dem Fernseher sitzen. Warum und wie oft ist das eigentlich genau?» – als wenn formuliert wird: «Es ist doch unmöglich, daß Sie die Kinder immer und ewig vor die Glotze setzen, um Ihre Ruhe zu haben. Wofür werden Sie eigentlich bezahlt?»

Eva Maria Brüggemann vom Jugendamt Kreis Stormarn, selbst Leiterin von Seminaren für Tagesmütter, meint:

Wenn eine Tagesmutter sagt, Sie müssen sich aber auch mal durchsetzen Ihrem Kind gegenüber, dann ist das der schlechteste Gesprächsstil, den man sich überhaupt vorstellen kann. Das ist ein Angriff. So was kann nur durch ständige Gespräche aufgedröselt werden.

In einer ruhigen Situation läßt sich gemeinhin besser reden als in einer Streßphase. Also sollte man beim Abholen das Gespräch suchen, und nicht beim Bringen des Kindes dem Gegenüber zwischen Tür und Angel einen Vorwurf zuzischen, um danach einfach zu verschwinden und den anderen wie einen begossenen Pudel zurückzulassen.

Hilfreich ist es sicherlich auch, sich über die Dinge, die einen ärgern, mit anderen «Betroffenen» auszutauschen. Vieles relativiert oder klärt sich dann schon. So sollten abgebende Mütter den Kontakt zu anderen suchen, um ihre eigene Wahrnehmung eines Problems mit den Eindrücken anderer zu vergleichen. Tagesmütter können sich untereinander besprechen, um zu sehen, wie und ob es ihren Kolleginnen mit bestimmten Konflikten ähnlich geht. Einerseits erleichtert das «Dampfablassen», andererseits kann man gute Tips erhalten.

Geht nun aber alles nicht mehr weiter, haben sich die Fronten so verhärtet, daß ein klärendes Gespräch zwischen Mutter und Tagesmutter aus mancherlei Gründen nicht mehr möglich ist, kann auf das gesetzlich verbriefte «Recht auf Erziehungsberatung» zurückgegriffen werden. Beim Jugendamt werden sowohl Eltern als auch Tagesmütter (oder Erzieher/Lehrer) beraten – nicht nur in Fragen der Kleinkindbetreuung, sondern auch bei Konflikten in Familie, Schule, Kindergarten, Hort usw. Hier steht professionelle Hilfe zur Verfügung. Auch manche Tagesmüttervereine bieten eine solche Vermittlerposition an – wenn die Kapazitäten ausreichen, auch für Nicht-Mitglieder.

Meistens kommen die Betroffenen allerdings erst in die Beratung, wenn «das Kind im Brunnen ist». Die Sozialarbeiterin Andrea berichtet aus ihrer Erfahrung:

Wenn die Mütter oder Tagesmütter zu uns gekommen sind, dann war es eigentlich immer schon zu spät, das ist so ein Fakt. Dann hatten sie schon alles mögliche selber ausprobiert und sind oft auch mit ihren eigenen Gefühlen nicht gut umgegangen, sind in einer Sackgasse gelandet und haben dann erst irgendeine Stelle von außen gesucht. Das ging um Essensgeschichten, Sauberkeitserziehung, wo die Tagesmutter gesagt hat, na, mit einem Jahr kann man doch anfangen mit der Sauberkeitserziehung, und die Eltern dann gesagt haben, nein, das kommt von ganz alleine. Oder auch Reibungspunkte über die Organisation, also das Abholen und Bringen, wenn sie ein Kind um sechs Uhr morgens abgeben müssen, und die Tagesmutter ist dann noch so halb verschlafen, da gab es mal Ärger. In der Regel gab es kaum Ärger über das Kind, sondern das hat sich erst später am Kind festgemacht, das war eher die Ebene zwischen Tagesmutter und Mutter, die Beziehungsebene. Wenn die Leute zu uns kommen, hat sich oft schon soviel Enttäuschung und Aggression aufgestaut, daß man selbst die Ebenen nicht mehr auseinanderhalten kann, wo geht es jetzt z. B. wirklich ums Essen und wo um die eigene Verletzung. In der Erziehungsberatung redet dann jemand mit den abgebenden Eltern, und man redet auch mit der Tagesmutter, wenn die Eltern und die Tagesmutter damit einverstanden sind. Da wird niemand überfallen mit einem Gespräch, es sei denn, die Tagesmutter hat ihre Aufsichtspflicht grob fahrlässig verletzt.

Daß es sowohl bei Eltern als auch Tagesmüttern eine gehörige «Schwellenangst» gibt, eine neutrale Hilfe zu Rate zu ziehen, erklärt Marion:

Wenn man da Probleme hat, muß man sich eben Hilfe holen. Das wird kaum gemacht, weil das so einen Beigeschmack hat. Als ich auf meiner Arbeit gesagt habe, daß ich mit meinem Sohn in die Erziehungsberatung gehe, hieß es gleich: «Du? Als Sozialpädagogin? Das kann doch nicht dein Ernst sein. Kannst du dein eigenes Kind nicht erziehen?» Und damals und auch heute noch finde ich das in Ordnung. Es ist doch wichtig, daß ich erkenne, wann meine Grenzen erreicht sind und wann ich Unterstützung brauche. Dazu gehört Stärke. Und nicht dazu, nach außen so zu tun, als ob alles in Ordnung wäre. Wichtig ist, daß einem auch gesellschaftlich zugestanden wird, einfach zu sagen: Ich kann nicht mehr, und daß das nicht als Unfähigkeit abgestraft wird.

Marion hat ihr Recht auf Erziehungsberatung wahrgenommen und einen Kollegen aufgesucht, als sie mit der Tagesmutter und der Lehrerin ihres Sohnes heftige Probleme bekam, die sie allein nicht mehr bewältigen konnte:

Der Erziehungsberater hat Entspannung bewirkt, das Ganze war nicht mehr so aufgeladen. Die Schule hat dann versucht, etwas gelassener damit umzugehen, auch etwas verständnisvoller mit der Situation einer alleinerziehenden

Mutter. Der Erziehungsberater hat die Gespräche in der Schule ohne mich durchgeführt und hat auch mit denen konkrete Vereinbarungen getroffen über Merkhefte, regelmäßige telefonische Kontakte und auch darüber, daß sie die Tagesmutter auf die Schularbeiten ansprechen. Er hat auch mit der Tagesmutter gesprochen. Zu mir hat sie daraufhin mit sehr viel Distanz reagiert, denn sie hatte jahrelang fürs Jugendamt gearbeitet. Ich war die erste Aufmüpfige, und das ja auch nur, weil ich beruflich mit Kindern zu tun hatte. Für sie war Andreas das Problem und nicht sie. Sie sah diese Hausaufgabenbetreuung und -kontrolle nicht als ihre Aufgabe an, das müßte ich machen, wenn ich abends nach Hause komme. Das könne sie nicht leisten als Tagesmutter.

In diesem Fall hat die Erziehungsberatung die Situation etwas verbessert, ganz zu kitten war der Bruch nicht.

Richtig spannend ist, daß Mütter und Tagesmütter dieselben Kinder jeweils von zwei Seiten kennenlernen. Kinder verhalten sich nun einmal zu Hause anders als in der Tagesbetreuung. Von daher kann ein regelmäßiger Austausch über die Kinder sehr gewinnbringend sein. So mag es eine Mutter freuen, daß das eigene Kind sich bei der Tagesmutter füg- und folgsam gibt, auch wenn es zu Hause nie pariert. Andersherum ist es wichtig, die Tagesmutter über häusliche Probleme wie Streit, Scheidungsabsichten, Erkrankungen (ohne ins Detail zu gehen) zu informieren, damit sie das Kind besser verstehen und vielleicht auch einfühlsam stützen kann.

Unsere Kinder haben viele Gesichter. Manche gefallen uns besser als andere. Wenn ein Kind zur Tagesmutter kommt, lernt es, daß auch die Welt viele Gesichter hat. Es wird seine eigenen Schlüsse daraus ziehen. Dazu Hans-Joachim Laewen und seine Kollegen:

Seien Sie darauf vorbereitet, daß Ihr Kind in der Krippe oder Tagespflegestelle nach einiger Zeit andere Verhaltensweisen zeigen wird, als Sie sie von zu Hause kennen. Es kann z. B. sein, daß Ihr Kind in der ... Tagespflegestelle etwas ißt, was es zu Hause keines Blickes würdigt, oder zu Hause darauf besteht, daß Sie Dinge für es tun, die es in der ... Tagespflegestelle selbst erledigt. Das hat nichts damit zu tun, daß die ... Tagesmutter einen größeren Einfluß auf Ihr Kind hat als Sie selbst. Das hat etwas damit zu tun, daß Ihr Kind in der neuen Umgebung mit den neuen Personen neue Gewohnheiten entwickelt, die sich notwendigerweise zumindest teilweise von denen unterscheiden, die es zu Hause mit Ihnen ausgebildet hat. Diese Gewohnheiten sind für das Kind zunächst einmal fest mit den Personen verbunden, mit denen es sie entwickelt hat, und je jünger das Kind ist, um so weniger wird es verstehen, daß es diese jeweils auf eine bestimmte Person (und Umgebung) bezogenen Gewohnheiten bei den in diesem Sinne «falschen» Personen zeigen soll. Erzieherin oder Tagesmutter haben also keinen größeren Einfluß als Sie auf Ihr Kind, sondern nur einen anderen.

1. Bleiben Sie miteinander im Gespräch, nehmen Sie sich Zeit dafür.
2. Wenn Sie Probleme sehen, sprechen Sie frühzeitig darüber.
3. Formulieren Sie nicht gleich Vorwürfe, sondern Ideen oder «andere Vorstellungen» aus Ihrer persönlichen Sicht.
4. Tauschen Sie sich mit anderen «Betroffenen» aus.
5. Scheuen Sie sich nicht, gerade wenn die Probleme noch «klein» sind, die Ihnen gesetzlich zustehende Erziehungsberatung in Anspruch zu nehmen.
6. Wenn Sie sich an die Erziehungsberatung wenden, ist dies kein Indiz dafür, daß Sie «versagt» haben, sondern nur dafür, daß Sie an Ihre Grenzen stoßen, dies erkennen und «richtigerweise» professionelle Hilfe von außen holen.
7. Die Erziehungsberatung klärt auf sachlicher Ebene, trennt Emotionen von Fakten und bringt dadurch Entspannung in die Situation.

Der Wechsel in den Kindergarten

Wie wir bereits erwähnten, sind Tagesmütter nicht nur «für die Kleinen» da. Einer Hamburger Untersuchung aus dem Jahre 1992 zufolge betraf etwa ein Drittel der Pflegestellen Kleinstkinder, ein Drittel Kinder «im Kindergartenalter» und ein Drittel Schulkinder. Es läßt sich also, wenn man berücksichtigt, daß auch Krippen, Kindergärten und Horte existieren, jede Art von Betreuung denken.

Für die Kleinsten haben wir Vor- und Nachteile bereits aufgeführt. Vieles spricht in diesem Alter für eine Tagespflegestelle. Werden die Kinder älter, reichen die Reize, die von einer Familienbetreuung ausgehen, vielleicht nicht mehr aus. Dann will man Freunde finden, sich in der Gruppe beweisen, Spiele machen usw. Dazu sind die normalen Tageskindergruppen oft zu klein. (Anders sieht es schon bei zusammengelegten Tagespflegegruppen aus.) Dennoch ist es möglich, sein Kind auch im Kindergartenalter und darüber hinaus bei einer Tagesmutter zu belassen. Viele Tagesmütter begrüßen das sogar. Dieser Weg bietet sich besonders bei schwierigen Kindern an. Häufig handelt es sich dabei aber nur um eine Notlösung, weil es nicht genügend Kindergarten- oder Hortplätze gibt.

In der Regel steht jedoch mit drei Jahren der Wechsel in den Kindergarten an. Zwar ist er nun nicht mehr so fundamental wie im Babyalter, denn die Kinder können inzwischen über mögliche Probleme reden. Sie sind – insbesondere nach der Zeit bei einer Tagesmutter oder in einer Krippe – Fremdbetreuung gewöhnt und haben ein gerüttelt Maß an Erfahrung im «Gruppenleben». Gleichwohl muß auch dieser Schritt sehr ernst genommen werden, weil es jetzt plötzlich sehr viele Kinder gibt und ein Neuankömmling anfangs ganz allein ist. Kein Erwachsener steht mehr exklusiv zur Verfügung. In diesem Sinne gilt auch für diesen Wechsel – wenngleich in eingeschränktem Maße –, was wir insgesamt über Eingewöhnung sagten.

Leider sind die Verhältnisse oft nicht so: Nicht selten werden ganz plötzlich Stellen im Kindergarten frei, und die Leitung verlangt, daß diese sofort besetzt werden müssen – aus Kostengründen. Dann bleibt nichts anderes übrig, als sein Kind Hals über Kopf von der Tagesmutter an den neuen Ort «zu verfrachten», die Pädagogik wird dann hintangestellt. Vielleicht läßt sich das abmildern, wenn man den anvisierten Kindergarten vorab schon einmal besucht. Insgesamt aber bleibt die Situation äußerst unbefriedigend.

Läuft alles «ideal», kann der Übergang zum Kindergarten ebenso «sanft» erfolgen wie der Einstieg bei der Tagesmutter, das heißt, das Kind verabschiedet sich «etappenweise», indem es immer weniger Zeit bei ihr verbringt. Helfen können auch «Abschiedsfeste» im Kreise der Tageskinder, die dem Kind signalisieren, daß die Trennung nicht nur negative Aspekte bietet, sondern eine verheißungsvolle Zukunft vor ihm liegt. Meist entwickeln Kinder im Kindergartenalter auch eine quasi-natürliche Neugier auf «anderes», sie «sind dann soweit». Und die Tagesmutter muß ja nicht aus der Welt sein. Man kann sie weiterhin besuchen, wenn man es möchte.

Für etliche Kinder kommt später eine Zeit, in der sie wieder die kleine, geborgene Familiensituation schätzen: wenn sie zur Schule gehen. Dann stehen manchmal zwar auch Hortplätze zur Verfügung, doch manchen Kindern ist diese Umgebung zu laut und zu unruhig. Wer sich den gesamten Vormittag lang dem Schulgetümmel ausgesetzt hat, den dürstet es vielfach nach Rückzug: schön essen, Schularbeiten machen, kleine Spiele – also nach einer tagesmütterlichen Betreuung.

Sehr viel Anerkennung dürfen wir von unseren Kindern übrigens auch für all unsere Tagesmütter-Bemühungen nicht erwarten. Das Gedächtnis ist kurz. Während wir Erwachsenen uns häufig wünschen, die Kleinen würden sich unserer liebevollen und aufopfernden Pflege gern erinnern, stürmen diese – mit dem Rüstzeug, das wir ihnen gaben – wie selbstverständlich neuen Zielen entgegen: Schule, Freundschaft, erste Liebe, Lehre, Universität. Viele Kinder, die in jüngsten Jahren bei Tagesmüttern waren, können sich daran schon wenig später kaum noch erinnern. Das heißt nichts, läßt sich also weder positiv noch negativ deuten. Gut haben es diejenigen, bei denen der Kontakt auch nach dem Ende der Sachbeziehung nicht abreißt, wo sich Eltern und Tageseltern vielleicht mal auf dem Markt treffen und ein Schwätzchen halten oder die eigenen Kinder noch Kontakt zu anderen Tageskindern von früher haben. Nicht gezwungen. Nur, weil es Spaß macht und «die Chemie stimmte».

Was vorher geklärt werden sollte: Eine Checkliste

Die folgende «Checkliste» ist für Mütter gedacht, die eine Tagesmutter suchen. Aber auch für Tagesmütter, die neue Kinder bei sich aufnehmen wollen. Beide Seiten können sich anhand der Liste ein genaueres Bild davon machen, was auf sie zukommen kann.

Die aufgeführten Aspekte sollten nun auf keinen Fall Punkt für Punkt «abgehakt» werden, für eine Tagesmutter oder ein neues Kind kann man sich nicht nach einem «Verhör» entscheiden. Nicht alles muß «erfragt» werden, vieles erübrigt sich durch Augenschein. Die Checkliste bietet lediglich ein breites (aber sicherlich nicht vollständiges) Spektrum möglicher Themen. Welche Punkte wie wichtig sind, bleibt jedem selbst überlassen.

Zur Tagesmutter

- Warum arbeitet sie als Tagesmutter?
- Wie lange arbeitet sie schon als Tagesmutter?
- Wie lange wird sie noch als Tagesmutter tätig sein?
- Welche Art der Qualifikation oder Berufsausbildung hat sie? «Staatlich geprüfte Tagesmutter», Fortbildung über die VHS, den Tagesmütterverein oder ausreichend Erfahrung?
- Ist sie Mitglied im Tagesmütter-Verein? Warum bzw. warum nicht?
- Hat sie noch Nebenjobs? Wie läßt sich das alles unter einen Hut bringen?
- Raucht sie bzw. wird in der Familie geraucht?

- Ist sie religiös? Welchen Einfluß hat das auf den Umgang mit den Kindern (z. B. Tischgebete sprechen)?

Zur Familie der Tagesmutter

- Wie viele eigene Kinder hat sie, und wie alt sind sie?
  Sind Kinder dabei, die besonders viel Zuwendung und Aufmerksamkeit, z. B. kranke Kinder, oder eine intensive Hausaufgabenbetreuung brauchen?
- Welchen Beruf hat der Partner/Ehemann?
  Ist er häufig auch tagsüber zu Hause? Was macht er ggfs. mit den Kindern? Schläft er ggfs. tagsüber aufgrund von Schichtarbeit zu Hause?
- Wie stehen die eigenen Kinder der Tagesmutter und auch der Partner/Ehemann zur Tätigkeit der Frau als Tagesmutter?

Zur Kindergruppe

- Wie viele Tageskinder betreut die Tagesmutter insgesamt, wie viele stundenweise, tageweise, die ganze Woche?
- Wie ist die Kindergruppe zusammengesetzt (Alter, Geschlecht, Nationalität)?
- Wie lange bleibt die Kindergruppe in dieser Konstellation noch bestehen?
- Wie lange waren die Tageskinder in der Vergangenheit bei der Tagesmutter?
  (Bei jeweils nur kurzen Aufenthalten ist es sicher ratsam, nach den Gründen zu fragen.)

Zu den anderen abgebenden Eltern

- Wie sieht der Kontakt der Tagesmutter zu den anderen abgebenden Eltern aus?
- Gibt es eine Art (regelmäßigen) Elternabend? Mit oder ohne Tagesmutter?

Zur Eingewöhnung (siehe auch gesondertes Kapitel)

- Kann man mit dem Kind zwei- bis dreimal kurz und angemeldet vorbeikommen, bevor man sich entscheidet?
- Wird das neue Kind einzeln aufgenommen? (Es sollten möglichst nicht mehrere neue Kinder gleichzeitig in eine bestehende Gruppe kommen, damit die Tagesmutter sich ausreichend intensiv um das Kind kümmern kann.)
- Wird die «sanfte» Eingewöhnung mit ggfs. langer Anwesenheit der Eltern praktiziert?

Zu den Erziehungsvorstellungen

- Mit welchen «Strafen» oder Sanktionen wird gearbeitet?
- Werden die eigenen und/oder die Tageskinder «geklapst» oder geschlagen?
- Wie geht die Tagesmutter mit aggressivem Verhalten der Kinder um?
- Inwieweit mag sie auch mit den Tageskindern in Körperkontakt treten, schmusen, auf den Arm nehmen etc.?
- Welche Vorstellungen existieren über das «Sauberwerden»?
- Wie sieht es mit dem Mittagsschlaf bei Kindern aus, die ihn eigentlich nicht mehr brauchen?

Zu den Aktivitäten mit den Kindern

- Wie sieht ein typischer Tag der Tagesmutter mit ihren Tageskindern aus?
- Spielen die Kinder viel «frei»?
- Wird auch gezielt gefördert? In der Gruppe durch gemeinsames Basteln oder Gruppenspiele, einzelne Kinder durch spezielle Zuwendung?
- Wird vorgelesen?
- Beschäftigt sich die Tagesmutter viel mit den Kindern oder erledigt sie viel «nebenbei» (bügeln, kochen, saubermachen, telefonieren)?
- Wie sieht es mit Fernsehen / Videos aus?
- Geht sie mit den Kindern raus? Bei jedem Wetter?

Zu den Räumlichkeiten und der Ausstattung

- Wie sieht das Tageskinder-Zimmer aus? Wie groß, hell ist es? Wie ist es ausgestattet?
- Wo dürfen die Kinder spielen bzw. wo nicht (warum nicht)?
- Welche Spielsachen stehen den Kindern zur Verfügung?
- Ist ein Spielplatz und / oder ein Park in der Nähe, der besucht wird?
- Ist ein Garten vorhanden, der auch benutzt werden darf?
- Wo schlafen die Kinder?

Zur Ernährung

- Wieviel Wert wird auf Vollwert-, vegetarische oder «Mischkost» gelegt?
- Wie steht es mit Süßigkeiten (welche, wann, wieviel)?
- Wie sieht es mit Zwischenmahlzeiten aus?
- Wird Obst und rohes Gemüse angeboten?
- Sollte «aufgegessen» oder zumindest alles einmal probiert werden?
- Wird Nachtisch als «Belohnung» für den leergegessenen Teller angesehen?

Hilfen im Haushalt

- Sind Geschirrspüler, Waschmaschine vorhanden?
- Wer besorgt die Einkäufe?

Zu den Absprachen / Formalitäten

- Wann können die Kinder morgens frühestens gebracht werden?
- Wann sollten sie spätestens abgeholt werden?
- Wie flexibel kann die Tagesmutter auf kurzfristige Terminänderungen reagieren?
- Welcher Stunden-/Monatssatz ist zu zahlen? Was ist dabei inklusive, was nicht (z. B. Windeln, Essen, Überstunden)?
- Wieviel Urlaub macht die Tagesmutter und wann macht sie ihn (z. B. Bindung an die Schulferien)? Wird der Urlaub bezahlt?
- Freier Vertrag oder Vertragsentwurf der Tagesmütter-Vereine?
- Wie steht es mit kranken Kindern? Wann gelten Kinder als krank, wann nicht?
- Was passiert im Krankheitsfall der Tagesmutter?
- Können bzw. sollen die Kinder eigenes Spielzeug (ihre Schmusetiere) mitbringen?
- Kündigungsfristen
- Besteht eine (Berufs-)Haftpflichtversicherung der Tagesmutter für den Fall, daß einem Kind etwas passiert?
  (Natürlich sollten auch die abgebenden Eltern eine Haftpflichtversicherung abschließen, die ihre Sprößlinge mit einbezieht, falls sie bei der Tagesmutter die Wohnung unter Wasser setzen o. ä.)

Alle Formalien (Urlaubszeiten, Bezahlung etc.) – aber auch besondere Vereinbarungen – sollten in einem Vertrag festgehalten werden. Häufig werden beiden Seiten Wünsche und Probleme erst beim Vertragsabschluß richtig klar. Vertragsvordrucke können unter anderem bei den Tagesmüttervereinen angefordert werden.

Adressen und Literatur

Adressen

Bundesverband für
Kinderbetreuung in Tagespflege e. V.
Breite Straße 2
40670 Meerbusch
02159/1377

Baden-Württemberg

Deutscher Kinderschutzbund
OV Wiesloch e. V.
Tagesmütter/-vätermittlung
In den Breitwiesen 2
69168 Wiesloch
06222-2227

Tagesmütter und
Pflegeeltern
Stuttgart e. V.
Schloßstr. 98
70176 Stuttgart
0711-612791

Landesverband der
Tagesmütter,
Pflegeeltern und Eltern
Baden-Württemberg e. V.
Haussmannstr. 6
70188 Stuttgart
0711-2155167

Tages- und Pflegeeltern
Kreis Böblingen e. V.
Untere Burggasse 1
71063 Sindelfingen
07031-878701

Tages- und Pflegemutter e. V.
Leonberg Krs. Böblingen
Gerh.-Hauptmann- Str. 4
71229 Leonberg
07152-22490

Eltern-und Tageselternverein
Tübingen e. V.
Jakobsgasse 17
72070 Tübingen
07071-24079

Tagesmütterverein
Reutlingen e. V.
Hirschstr. 8
72764 Reutlingen
07121-334563

Verein für Pflegeeltern und
Eltern – Arbeitsgemeinschaft
Tagesmütter Göppingen e. V.
Rosenplatz 15
73033 Göppingen
07161-963310

Tageselternverein Esslingen e. V.
Bahnhofstr. 31
73728 Esslingen
07 11-35 26 23

Tages- und Pflegemütter e. V.
Friedrichshafen-Bodenseekreis
Anne Urnau
Zirbelweg 19
88046 Friedrichshafen
0 75 41-7 42 78

Tagesmütterverein
Freiburg e. V.
Ferdinand-Weiß-Str. 70 a
79106 Freiburg
07 61-28 35 35

Tagesmütterverein
Ulm/Neu-Ulm e. V.
Platzgasse 24
89073 Ulm
07 31-6 02 33 76

Bayern

Tageseltern München
und Umgebung e. V.
Irene Macri
Wörthstr. 20
81667 München
0 89-6 88 77 07

Gruppe Tagesmütter-Eltern
Sozialer Dienst
Unterpfaff.-Germering
Planeggerstr. 9
82110 Germering
0 89-8 44 8 45/53

Deutscher Kinderschutzbund
Kreisverband Rosenheim e. V.
Tagesmütter Kontaktstelle
Färberstr. 19
83022 Rosenheim
0 80 31-1 29 29

Mobile Familie e. V.
Kanalstr. 8
85049 Ingolstadt
08 41-91 09 70

Diakonieverein der
Evang. Luth. Kirche e. V.
– Tagesmütterprojekt –
85375 Neufahrn
0 81 65-42 70

Nachbarschaftshilfe
Garching-Hochbrück e. V.
Tagesmütter Projekt
Rathausplatz 5
85748 Garching
08 21-51 55 03

Deutscher Kinderschutzbund
Kreisverband Augsburg e. V.
– Tagesmütterprojekt –
Volkhartstr. 2
86151 Augsburg
08 21-51 55 03

Pflege-, Adoptiveltern und
Tagesmütter e. V.
Nürnberg, Fürth und
Umgebung
Hirsvogelstr. 9
90489 Nürnberg
09 11-55 93 55

Verein für
Tagesmütter + Pflegeeltern
Landkreis Wunsiedel und
Umgebung
Karl-Marx-Str. 6
95100 Selb
09287-70208

Interessengemeinschaft
Tagespflege e. V.
Beatrix Hirsch
Marienstr. 3
96450 Coburg
09561-15923

Tagesmütterinitiative
Ines Wirth
Schildweg 3
97084 Würzburg
0931-612382

Berlin

Arbeitskreis zur Förderung
von Pflegekindern e. V.
Tagespflege – Beratungsstelle
Geißbergstr. 30
10777 Berlin
030-21110678

Brandenburg

Kinderbetreuung Schwedt e. V.
Ingeborg Köhler
Heinrich-Heine-Ring 23
16303 Schwedt/Oder
03332-251119

Bremen

Initiative Jugendhilfe
Bremerhaven e. V.
Nonnenstr. 8
27580 Bremerhaven
0471-98480-12/32

Bremer Tagesmütter
und -väter e. V.
Horner Heerstr. 19
28359 Bremen
0421-249379

Hamburg

Hamburger Tagesmütter und -väter
e. V.
Eilbeker Weg 71
22089 Hamburg
040-2003377

Hessen

Verein zur Förderung des
Pflegekinderwesens e. V.
Sibylle Scheuch
Am Ried 1
34225 Baunatal
0561-4910000

Verein zur Förderung des
Pflegekinderwesens Kassel e. V.
Almut Gerstenberg
Pfalzstr. 8
34260 Kaufungen
05605-6527

Tageselternverein Felsberg e. V.
Kerstin Stieglitz
Lobenhäuserstr. 8
34587 Felsberg
05662-6944

Tagesmütter Marburg e. V.
Silke Ebert, Sonnenweg 6
35041 Marburg
06420-822830

Verein zur Förderung
von Kinderbetreuung e. V.
Tagesmüttervermittlung
Fichardstr. 46
60322 Frankfurt/Main
069/559405

Initiative Frankfurter
Tagesmütter. Petra Just
Teplitz-Schönauer-Str. 5
60598 Frankfurt/M.
069-6313294

Verein zur Förderung
von Kinderbetreuung e. V.
Tagesmüttervermittlung
Bahnhofstr. 17
63263 Neu-Isenburg
06102-1335

Deutscher Kinderschutzbund
OV Rödermark e. V.
Arbeitskreis Tageseltern
Am Schellbusch 1
63322 Rödermark
06074-689966

Tagespflege – Projekt Maintal
c/o Petra Erichsen
Berliner Str. 117
63477 Maintal
06181-431881

Verein zur Förderung von
Kinderbetreuung Liederbach e. V.
Gartenstr. 66
65835 Liederbach a. Ts.
06196-643485

Mecklenburg-Vorpommern

Tagesmütterverein
Neubrandenburg
Doreen Amende
Reussenort 1
17033 Neubrandenburg
0395-5443028

Niedersachsen

Tagesmütter und -väter e. V.
des Landkreises Harburg
Heidemarie Ritter
Bremer Str. 152b
21244 Buchholz
04181-37768

Kinderbetreuung
Winsen/Luhe und Umgebung
Angelika Bertram
Dibb. Mühlenweg 12a
21244 Buchholz
04181-8750

Tagesmütter e. V.
Verein für Tagesmütter
und Eltern
Vor dem Neuen Tore 5
21339 Lüneburg
04131-35513

Tagesmütter und Pflegeeltern
Buxtehude e. V.
Helga Witschel
Tulpenweg 16
21614 Buxtehude
04161-84736

Tagesmütter Landesverband
Nds. für Kinderbetreuung
in Tagespflege e. V.
Julius-Leber-Str. 11
26129 Oldenburg
0441-51790

tagesmütter
Oldenburg – Delmenhorst
Landkreis Oldenburg e. V.
Julius-Leber-Str. 11
26129 Oldenburg
0441-51790

Zwischenahner Kinderkreisel e. V.
Juliane Pegel
Auf der Wurth 12
26160 Bad Zwischenahn
04403-63561

Arbeitsgemeinschaft Edewechter
Tagesmütter/-väter e. V.
Kerstin Borm
Sandberg 30
26188 Edewecht
04405-8941

Tagesmütterinitiative e. V.
Hannelore Wilcke
Mitscherlichstr. 40
26382 Wilhelmshaven
04421-24801

Tagesmütter/-väter Wittmund
Initiativgruppe
Marlies Scherm
Birkenweg 5
26409 Wittmund
04462-1829

AG Tagesmütter und -väter
im Landkreis Aurich e. V.
Karin Rase
Idem 10
26632 Ihlow
04941-62926

Westersteder Tageseltern-
Initiative e. V.
Martina Halbach
Am Rechter 15
26655 Westerstede
04488-79631

Tagesmütter im Landkreis
Leer e. V.
Doris Schröder
Torumerstr. 5
26789 Leer
0491-2356

Deutscher Kinderschutzbund e. V.
OV Nordenham
Arbeitstreff Tagesmütter
Mittelweg 45
26954 Nordenham
04731-22094

AK Tagesmütter im Landkreis
Oldenburg e. V.
Christel Schütze
Habbrügger Weg 14
27777 Ganderkesee
04222-950497

Interessengemeinschaft
Tagesmütter Hannover e. V.
Bödekerstr. 85
30161 Hannover
0511-623302

Interessengemeinschaft
Kinderbetreuung e. V.
Gesine Meißner
Blankweide 15
30974 Wennigsen
05103-1544

Initiative Tagesmütter im
Landkreis Nienburg e. V.
im Paritätischen
Sozialzentrum
Wilhelmstr. 15
31582 Nienburg
050 21-9 74 50

Kinderbetreuung
Holzminden e. V.
Bismarckstr. 14
37603 Holzminden
055 31-55 45

Deutscher Kinderschutzbund
Ortsverein Braunschweig e. V.
Tageseltern-Gruppe
Madamenweg 154
38118 Braunschweig
05 31-8 10 09

Tagesmütter Organisation e. V.
Birgit Hausfeld
Osnabrücker Str. 317
49152 Bad Essen
054 72-21 52

Tagesmütter Glandorf e. V.
Mechthild Niebusch
Am Kreuzbrink 23
49186 Bad Iburg
054 72-28 34

Meller Tageseltern e. V.
Wallgartenschule
Haus Walle 7
49324 Melle
054 22-4 37 25

«Tagespflege im Landkreis
Diepholz» – AK Tagesmütter
und Eltern im DRK
Kreisverband Diepholz e. V.
Lappenberg 6
49356 Diepholz
054 41-5 95 00

Tagesmütter im
Landkreis Cloppenburg e. V.
Gisela Bußmann
Am Forstgarten 5
49661 Cloppenburg
044 71-8 68 61

Interessengemeinschaft
Tagesmütter e. V.
Anni Otten, Wiesenstr. 54
49744 Geeste
059 37-87 34

Nordrhein-Westfalen

Deutscher Kinderschutzbund
OV Minden e. V.
Tagespflege Kontaktstelle
Simeonstr. 19
32423 Minden
05 71-84 07 43

Tagesmütter Bielefeld e. V.
Rita Steinmann
Am Kahlenberg 8
33617 Bielefeld
05 21-15 21 51

K.I.N.D. – VAMV-Projekt
Kalkumer Str. 85
40468 Düsseldorf
02 11-479 17 17

Tagesmütter Meerbusch e. V.
Breite Str. 2
40670 Meerbusch
021 59-45 91

Tagesmütter Dormagen e. V.
Ute Banditt
Neckarstr. 5
41540 Dormagen
021 33-6 04 01

Tagesmütterverein
Wuppertal e. V.
Rosemarie Mertin
Am Werloh 67
42389 Wuppertal
0202-600845

Herner Tageseltern e. V.
Laurentiusstr. 10
44649 Herne
02325-50499

Sozialdienst Katholischer
Frauen e. V.
Tagesmüttervermittlung
Bergstr. 224
44807 Bochum
0234-95501-0

VAMV, LV-NRW e. V.
B. u. T.-Projekt
Juliusstr. 13
45128 Essen
0201-229900

SkF – Tageseltern e. V.
Dammannstr. 32–38
45138 Essen
0201-275080

Tagesmütterverein e. V.
Duisburg-Süd
«Die Zwerge ganz groß»
Heinrich-Bierwes-Str. 13–15
47259 Duisburg
0203-751649

Münsteraner Tageseltern e. V.
Kontakt und Beratungsstelle
Arnheimweg 3 b
48161 Münster
0251-868066

Verein der Tages-,
Dauerpflege und
Adoptiveltern Wesseling e. V.
Herbert Füsgen
Gottfried-Keller-Str. 28
50389 Wesseling
02236-43953

Familiäre Tagesbetreuung e. V.
Vaalser Str. 108
52074 Aachen
0241-8793512

Dürener Tagesmütter und
-väter. Zusammenschluß von
Eltern und Tageseltern e. V.
Ahrweilerplatz 11
52349 Düren
02421-17395

Netzwerk Familiäre
Tagesbetreuung
c/o Caritasverband
Dyroffstr. 7
53113 Bonn
0228-108249

Tagesmütterinitiative
Troisdorf e. V.
Kölner Str. 101
55840 Troisdorf
02241-70002

Tageseltern Schmallenberg e. V.
Annelie Hilgenberg
Kampstr. 7 a
57392 Schmallenberg
02972-6738

Tagesmütterwerk Hagen e. V.
Bergstr. 59
58095 Hagen
02331-183946

Kinderbetreuung e. V.
Beratungsstelle
Kluser Str. 35
58511 Lüdenscheid
02351-861494

Kfd – Tagesmütter
Arnsberg e. V.
Alter Holzweg 13
59755 Arnsberg
02932-82401

Kfd-Tagesmütter
Meschede e. V.
Stiftsplatz 1
59827 Meschede
0291-52233

Sachsen

Sonnenau
Kinderbetreuung in
tagespflege Dresden e. V.
Schützenhofstr. 32
01129 Dresden
0351-8584129

Interessengemeinschaft
tagesmütter
Landkreis Meißen e. V.
Poststr. 2
01662 Meißen
03521-453802

Tagesmütterverein
Nordsachsen e. V.
Liselotte Kabisch
Dübenerstr. 125
04509 Delitzsch
034202-60406

Tagesmütterverein
Westsachsen e. V.
Andrea Heinrich
Schulgasse 4
08289 Schneeberg
03772-28020

Sachsen-Anhalt

Wittenberger
Tagesmütter und -väter e. V.
Ärztehaus
Elbufer 30
06886 Wittenberg
03491-660480

Schleswig-Holstein

Familienbildung Wedel e. V.
Rathausplatz 4
22880 Wedel
04103-13683

Tagesmütter und -väter
Stormarn e. V.
Bettina Klein
Gustav-Delle-Str. 11
22926 Ahrensburg
04102-42937

Pädiko e. V.
Tagesmütter Kiel
Gerhardstr. 36
24105 Kiel
0431-577044

IG der Tagesmütter und
-väter Redensburg e. V.
Astrid Wendel
Reepen 4
24787 Fockbek
04331-62042

Verein Tagesmütter Kreis
Pinneberg e. V.
Koppelstr. 32
25421 Pinneberg
04101-205744

Arbeitskreis Tagespflege
im DKSB
Nordfriesland e. V.
Osterende 61 a
25813 Husum
04841-2575

Literatur zum Thema:

Brehmer, Gisela: *Aus der Praxis einer Kinderärztin.* Reinbek 1997

Bundesfachkongreß zur Kinderbetreuung in Tagespflege am 24. und 25. Januar 1994 in Bonn. Dokumentation. Hg. vom Tagesmütter Bundesverband für Kinderbetreuung in Tagespflege e. V., Meerbusch 1994

Bundesverband für Kinderbetreuung in Tagespflege e. V.: *tagesmütter.* Fachzeitschrift, erscheint vierteljährlich. Breite Straße 2, 40670 Meerbusch

Karlsson, Marlene: *Familien-Tagespflege in Europa.* Hg. von der Europäischen Kommission, Netzwerk Kinderbetreuung 1995

Kinderbetreuung in Tagespflege. Tagesmütter-Handbuch. Hg. vom Bundesministerium für Familie, Senioren, Frauen und Jugend. Stuttgart, Berlin 1996

Krauß, Günter/Zauter, Sigrid: *Kindertagespflege in Hamburg.* Hamburg 1993

Laewen, Hans-Joachim/Andres, Beate/Hedervari, Eva: *Ohne Eltern geht es nicht.* Infans-Info-Reihe, Bd. 1. Berlin 1993

Forschungsbericht zur Stabilität von Tagespflegestellen und Pflegeverhältnissen in Berlin (West). Berlin 1992

Lenzen, Dieter: *Mythologie der Kindheit.* Reinbek 1985

Mühlmann, Wilhelm, E.: Kindheit und Jugend in traditionalen und progressiven Gesellschaften. In: *Jugend in der Gesellschaft.* München 1975

Scarr, Sandra: *Wenn Mütter arbeiten.* München 1987

Sichtermann, Barbara: *Vorsicht Kind.* Berlin 1982

Thurer, Shari: *Mythos Mutterschaft. Wie der Zeitgeist das Bild der guten Mutter immer wieder neu erfindet.* München 1995